I0081861

LES DEUX SIÈGES

DE CONSTANTINE

(1836-1837)

PAR

Ernest MERCIER

avec un plan de la ville en 1837

et 4 illustrations d'après Horace Vernet

—————

Prix : 2 francs

CONSTANTINE

Imprimerie, Librairie L. Poulet, 6, rue de France.

—

1896

L⁴ₚ
2076.

LES DEUX SIEGES

DE CONSTANTINE

(1836-1837)

BIBLIOTHÈQUE NATIONALE IMPRIMÉS

R. F.

h 4
2076

DU MÊME AUTEUR

Histoire de l'Afrique septentrionale depuis les temps les plus reculés jusqu'à la Conquête française (3 vol. in-8° avec 3 cartes). Ouvrage couronné par l'Institut. — LEROUX, Paris, 1888-1891.

Histoire de l'établissement des Arabes dans l'Afrique septentrionale (grand vol. in-8° avec 2 cartes. — MARLE, Constantine, 1875.

Le Cinquantenaire de l'Algérie, (in-8°). — CHALLAMEL, Paris, 1880.

L'Algérie et les Questions Algériennes, (in-8°), — CHALLAMEL, Paris, 1883.

Comment l'Afrique septentrionale a été arabisée (in-8°). — MARLE, Constantine, 1875.

La France dans le Sahara et au Soudan, (in-8°). — LEROUX, Paris, 1889.

La Bataille de Poitiers et les vraies causes du recul de l'invasion arabe (in-8). — Mémoire publié par la Revue Historique.

Constantine avant la Conquête française (1837). — BRAHAM, Constantine, 1880.

Constantine au seizième siècle, élévation de la famille El-Feggoun. — BRAHAM, Constantine, 1880.

Notice sur la Confrérie des Khouan de Sidi Abd El Kader El Djelani. — Société Archéologique de Constantine, 1868.

Les Arabes d'Afrique jugés par les auteurs musulmans. — Revue Africaine.

Épisodes de la Conquête de l'Afrique par les Arabes, Koulla la Kahena. — Société Archéologique de Constantine.

Les Indigènes de l'Algérie, leur situation dans le passé et dans le présent. — Revue libérale, 1884.

Le Cinquantenaire de la prise de Constantine (13 octobre 1837), in-8°. — BRAHAM, Constantine.

Commune de Constantine, trois années d'administration municipale, in-8°. — BRAHAM, Constantine.

La France dans l'Afrique centrale en 1893, avec une carte de l'Afrique. — BRAHAM, Constantine, 1893.

La Propriété Foncière chez les Musulmans d'Algérie. — LEROUX, Paris, 1891.

La Propriété en Mag'reb selon le rite de Malek. — Journal asiatique, juillet-août 1891.

La condition de la Femme musulmane. — A. JOURDAN, Alger, 1895.

Le Hobous ou Ouakof, ses règles, sa jurisprudence. — A. JOURDAN, Alger, 1895.

LES DEUX SIÈGES

DE CONSTANTINE

(1836-1837)

PAR

Ernest MERCIER

avec un plan de la ville en 1837

et 4 illustrations d'après Horace Vernet

———✳———

Prix : 2 francs

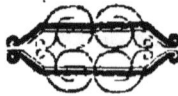

CONSTANTINE

Imprimerie, Librairie L. POULET, 6, rue de France.

1896

LES DEUX SIÈGES DE CONSTANTINE

(1836-1837)

Avant de donner le récit des deux sièges de Constantine, par l'armée française, il est indispensable de jeter un rapide coup d'œil sur la situation du pays en 1836, et de fournir quelques détails sur les principaux acteurs dont les noms reviendront souvent sous notre plume.[1]

1. Les matériaux de cette partie de notre travail d'ensemble, ont été pris dans les ouvrages suivants, que nous nous dispenserons, en général, de citer :

Histoire de Constantine sous les beys, par M. Vayssettes. — *Histoire d'Alger*, par de Grammont. — *Annales Algériennes*, par Pellissier de Reynaud. — Collection de la *Revue Africaine* et de la *Société Archéologique* de Constantine, contenant de nombreux travaux détachés de Féraud et autres auteurs. — *Récits* et *Lettres* du duc d'Orléans. — *Cirta-Constantine*, par Watbled (sur les notes de Berbrugger). — *Histoire d'une Conquête*, par C. Rousset. — Journaux de l'époque et Rapports officiels. — *Récit du Capitaine de la Tour du Pin*, (Revue des Deux-Mondes). — *Algérie*, par Carette (dans *l'Univers pittoresque*). — *Souvenirs* de l'abbé Suchet. — *Correspondance* de Saint-Arnaud. — *Récit* du caporal Tarissan, etc.

Nous avons utilisé, en outre, un grand nombre de renseignements recueillis sur place, depuis 24 ans, chez les indigènes, ou trouvés dans des pièces passées entre nos mains.

I

SITUATION DE CONSTANTINE EN 1836. — EL HADJ AHMED ET SON PERSONNEL

El Hadj Ahmed, fils de l'ancien Khalifa Mohammed, et petit-fils d'Ahmed bey El Kolli ; avait été
nommé par le dey d'Alger Hosseïn, bey de Constantine, en août 1826. C'était un homme énergi-
que, né dans cette ville, Koulour'li d'origine, et âgé
alors d'une trentaine d'années. Il y avait rempli,
sous de précédents beys, les fonctions importantes
de Khalifa, sorte de premier ministre, et s'était créé
d'implacables inimitiés ; cela, joint à quelques actes
véritablement irréfléchis, avait motivé son interne-
ment à Blida, d'où le dey venait de le tirer.

La rupture d'Alger avec la France, en 1827, et
les difficultés auxquelles Hosseïn eut dès lors à
faire face, laissèrent le champ libre au nouveau
bey de Constantine et il en profita largement, en
ayant soin d'assurer le service des redevances au
suzerain et de se montrer, en toute occasion, un
vassal fidèle et dévoué. Il sévit surtout contre deux
puissances : le parti turc et la caste des mara-
bouts trop indépendants. En 1830, il conduisit une
véritable armée à Alger, et prit une part glorieuse
au combat de Staouéli ; mais, lorsqu'il jugea la partie perdue, il s'empressa de regagner Constantine.

A son arrivée, il trouva les portes de sa bonne ville fermées, et, pour recouvrer le pouvoir, se vit forcé d'organiser des contingents kabiles, au moyen desquels il triompha assez facilement de compétiteurs, en réalité sans mérite et indignes de lui. Maître de Constantine et de sa vaste province, il prit le titre de pacha, arraché à Hosseïn par la capitulation d'Alger et obtint du sultan la confirmation platonique de son investiture. Dès lors, El Hadj Ahmed régna à Constantine en véritable tyran, et l'on put croire, à distance, qu'il disposait d'une puissance plus grande qu'elle ne l'était en réalité.

Au commencement de 1836, la population, courbée sous sa violence, venait, pour comble de malheur, de traverser une horrible épidémie, peste ou choléra, qui l'avait décimée. Les vieilles familles du pays et surtout les anciens fonctionnaires turcs, les janissaires, autrefois maîtres incontestés, maintenant objets de l'aversion du pacha, avaient été abaissés, dispersés, et leurs partisans, bien que nombreux, réunis dans la haine commune du despote, n'osaient rien dire et se tenaient à l'écart.

El Hadj Ahmed ne se faisait pas d'illusion sur les sentiments réels de la population à son égard ; mais il tenait ses adversaires écrasés sous la terreur et avait, comme tout tyran, ses partisans. Les kabiles constituaient sa principale force ; il les avait appelés en grand nombre et ils remplissaient la ville d'artisans et de soldats, s'attribuant une foule de privilèges.

Voici, maintenant, ses principaux fonctionnaires :

Ali ben Aïssa était son bras-droit, son alter-ego. Kabile, originaire des Beni-Fergane, Ben Aïssa, chef de la corporation des forgerons, avait, en 1830, contribué pour une large part à la reprise de Constantine par le bey ; comme récompense, celui-ci le nomma bach-hanba (général) et l'employa, en cette qualité, à combattre et à réduire ses adversaires. Par son énergie et son goût de la guerre, Ben Aïssa justifia cette élévation et vit successivement les plus hautes fonctions lui être décernées. En 1836, il avait le titre de Khalifa et disposait d'une autorité sans bornes ; on dit même qu'il avait été élevé au rang de bey, puisque son maître s'était érigé pacha.

Ahmed ben El Hamlaoui, d'une famille indigène de l'intérieur, secondait Ben Aïssa dans le commandement des troupes.

El Hadj Mohammed ben El Bedjaoui, Koulour'li d'origine, remplissait l'importante fonction de Caïd Ed Dar, sorte de maire de la ville, mais avec des pouvoirs plus étendus que ceux que nous attribuons à cette fonction.

Tels étaient les principaux chefs, disposant de l'autorité publique. A côté d'eux, la puissance religieuse se trouvait entre les mains de la famille

Ben El Feggoun, dont l'élévation remontait à l'époque de l'établissement de la domination turque (XVIᵉ siècle). Son chef avait le titre de Cheïkh El Islam ; c'était alors un vieillard, Sid M'hammed, homme prudent, que son caractère religieux et son grand âge avaient porté à se tenir à l'écart des passions politiques ; il avait de nombreux fils, dont l'un, Hammouda, bien que précédé par plusieurs frères aînés, était appelé à jouer un certain rôle à Constantine, sous notre domination.

Quant aux anciennes familles du pays les Ben Zekri, Ben Namoun, Ben Labiod, Ben Zagouta et autres, et celles des anciens beys, elles avaient été décimées et réduites à l'impuissance.

Mais les beys de cette province s'étaient toujours appuyés sur de grands feudataires indigènes, sans lesquels ils n'auraient pu exercer aucune action dans l'intérieur et nous devons aussi les mentionner, en raison du rôle qu'ils sont appelés à jouer.

Un des principaux était le cheïkh El Arab, grand chef des tribus du Sud et des Hauts-Plateaux. Cette importante fonction était restée, durant des siècles, dans la famille Bou Aokkaz, le dit Ben Sakheri, chef traditionnel des arabes Daouaïda du Zab. Mais, à la suite des révoltes sans cesse réitérées de ces chefs, Ahmed el Kolli, aïeul d'El Hadj Ahmed, leur avait suscité des rivaux, les Ben Gana, (vers 1771), et, depuis lors,

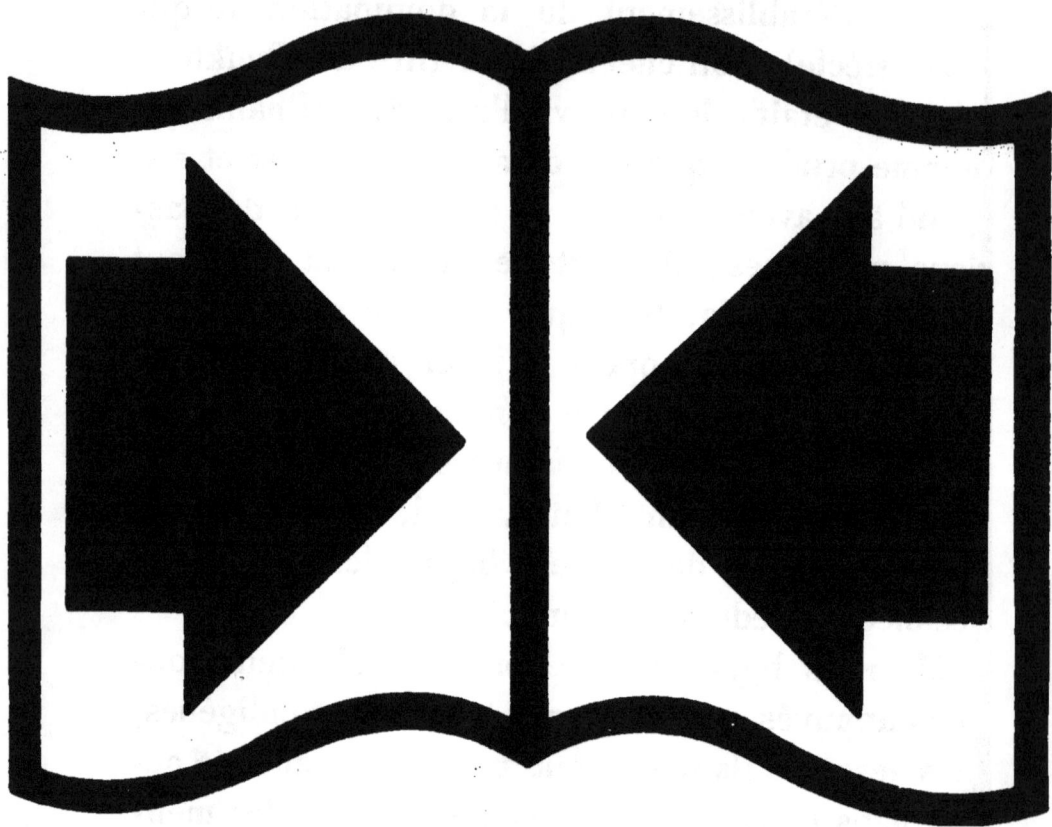

Reliure serrée

cette fonction avait été dévolue, soit aux uns, soit aux autres. L'élévation de notre pacha, allié à la famille Ben Gana, lui avait rendu son autorité, et son chef, Bou Aziz ben Gana, était alors cheïkh El Arab.

Les Ben Sakheri avaient à leur tête Farhate ben Saïd, homme sans consistance et dont la vie n'avait été qu'une longue suite d'inconséquences. Il était devenu nécessairement l'ennemi acharné d'El Hadj Ahmed et avait soutenu contre lui des guerres qui s'étaient terminées par des échecs définitifs. Farhate, entré en relation avec les gouverneurs français d'Alger, ne cessait de les pousser à attaquer Constantine, leur promettant le concours de nombreux cavaliers du Sud.

Un autre ami dévoué du pacha était Ahmed bou Aokkaz ben Achour, cheïkh du Ferdjioua, vrai type de baron du Moyen-âge, arrivé au pouvoir par le meurtre et l'usurpation. Il était puissamment soutenu par ses parents, les Ben Azz ed Dine, du Zouar'a.

Enfin, El Hadj Ahmed était allié à certaines branches des Mokrani de la Medjana et, par conséquent, avait comme adversaires les branches rivales de cette famille, si profondément divisée.

Les tribus de l'Est et du Sud-Est de la province, c'est à dire les groupes désignés sous les noms génériques de Henanecha et Harakta, étaient en révolte ouverte contre le pacha qui n'avait cessé de les opprimer, en les soumettant au régime de la razia.

Telle était la situation du pays en 1836.

II

LE MARÉCHAL CLAUZEL NOMME YUSUF BEY DE L'EST ET ANNONCE L'EXPÉDITION DE CONSTANTINE

La déchéance du bey de Constantine avait été proclamée par arrêté du général Clauzel, alors gouverneur, le 15 décembre 1830; un frère du bey de Tunis avait même reçu sa succession, comme vassal de la France. Mais El Hadj Ahmed répondit à cette bravade en se proclamant pacha, représentant du Sultan.

Bône avait été définitivement occupée, grâce à l'audacieux coup de main de Yusuf et du capitaine d'Armandy (mars 1832); Bougie subit bientôt le même sort (29 septembre) et le pacha essaya en vain de déloger les Français de ces deux postes. Mais tous les efforts se concentrèrent alors dans la province d'Oran, où nos généraux avaient, par une série de maladresses, fait naître un dangereux adversaire, El Hadj Abdelkader, et la région de l'Est demeura livrée à elle-même.

Dans le mois d'août 1835, Clauzel revint à Alger, comme gouverneur général, et après la brillante et stérile expédition de Maskara, reçut le bâton de maréchal. Un de ses premiers soins fut de s'occuper de Constantine, dont il avait résolu la conquête, encouragé par les lettres pressantes qu'il recevait de Farhate ben Saïd et des cheïkhs des tribus de l'Est.

Le général d'Uzer, qui commandait à Bône, depuis plusieurs années et avait su étendre l'influence et la colonisation française, fut remplacé, en mars 1836, par le commandant Yusuf, nommé bey de l'Est, *sans traitement.* Aussitôt un grand nombre d'adversaires du pacha et surtout des intrigants de toute sorte, accoururent à Bône pour saluer le nouveau bey et le pousser à entamer les hostilités contre El Hadj Ahmed. Yusuf établit un grand camp à Dréan (Deráane), s'y installa magnifiquement et y tint une sorte de cour.

Pendant ce temps, le maréchal Clauzel quittait Alger (14 avril), annonçant aux populations qu'il allait demander et obtenir du Parlement les forces nécessaires pour entreprendre l'expédition de Constantine, l'automne suivant.

III

OPÉRATIONS PRÉLIMII. ·S.
PRÉPARATIFS DE PART ET D'AUTRE. — LE BEY YUSUF

En dépit de sa confiance aveugle, El Hadj Ahmed fut forcé de reconnaître que l'attaque des Français était imminente ; mais les manifestations de Yusuf le touchèrent plus encore que les déclarations du Gouverneur. Il résolut aussitôt de châtier ce renégat, qui prenait le titre de bey, et osait sortir des murailles de Bône. Ayant réuni un effectif nombreux de cavalerie, il se mit à sa tête, s'avança jusqu'à Ras-el-Akba, près d'Announa ; puis vint s'établir à El Hammam, aux environs de Guelma. De ce poste il lança sur le camp de Dréan, un corps de cavaliers choisis ; mais Yusuf faisait bonne garde. Lorsque ses adversaires furent à portée, il sortit de ses lignes, se jeta impétueusement sur eux, les mit en déroute et leur tua 20 hommes. Le pacha rentra alors à Constantine, en laissant un poste d'observation aux environs de Guelma.

Profitant habilement de l'impression produite par cet échec, Yusuf quitta son camp, dans la nuit du 23 au 24 juin, avec une colonne légère, sous le commandement du colonel Duverger et fit une reconnaissance jusqu'aux ruines de Calama, où nous avons réédifié la ville de Guelma. Il reçut en chemin, l'adhésion des populations indigènes et reconnut avec soin les gîtes d'étapes et la route que la colonne devait suivre.

Cependant, le maréchal Clauzel était rentré à Alger, sans avoir obtenu les renforts qu'il demandait, ni même l'autorisation formelle d'entreprendre l'expédition ; on ne l'interdisait pas, mais il fallait attendre. Les rapports trop optimistes de Yusuf, les lettres des adversaires du pacha ne cessaient d'arriver et tous concordaient à présenter la situation d'El Hadj Ahmed comme des plus critiques : son prestige était tombé ; il n'avait plus personne autour de lui ; les citadins ouvriraient les portes de Constantine, aussitôt que l'armée paraîtrait ; enfin, des contingents innombrables de cavaliers protégeraient sa marche.

Cela était trop encourageant ; le maréchal se décida à tout préparer pour l'expédition, espérant encore qu'on lui enverrait des secours de France, mais résolu au besoin à tenter l'aventure avec ses seules ressources. Il employa donc le reste de l'été à envoyer, par mer, à Bône, le matériel et les troupes dont il pouvait disposer. En même temps, il insistait auprès de Yusuf pour qu'il obtint les renseignements les plus précis sur Constantine, l'esprit de sa population et les ressources dont le pacha pouvait disposer.

Le commandant-bey recevait chaque jour de la

bouche des indigènes échappés de la ville, des détails plus ou moins contradictoires ; il en obtint d'une source plus sûre. Depuis longtemps, vivait à Constantine un gênois nommé Paolo di Palma ; les circonstances d'une carrière aventureuse en avaient fait un ami de jeunesse d'El Hadj Ahmed et celui-ci, devenu puissant pacha, le retenait auprès de lui, en lui accordant ses faveurs.

Mais Paolo, comme les indigènes l'appelaient, était fixé sur le compte de son hôte et ne cherchait qu'à se soustraire à sa dangereuse amitié. Il avait déjà entretenu une correspondance secrète avec Raimbert, le dernier directeur du « Bastion de France » à La Calle, et tous deux échangeaient des lettres que les messagers emportaient cousues entre les semelles de leurs chaussures. Yusuf reçut de lui de précieux renseignements qu'il présenta de façon à justifier ses rapports.

Dans le mois de septembre, eut lieu la chute du ministère Thiers, dont le président était seul favorable à l'expédition de Constantine. Le nouveau conseil refusait formellement d'envoyer aucun renfort et, comme le maréchal avait menacé de donner sa démission si sa demande était repoussée, le général Damrémont, arriva à Alger pour le remplacer, en même temps que cette nouvelle. Mais Clauzel refusa de lui céder son poste et, le 27 septembre, le ministre de la guerre lui écrivit qu'il le laissait libre d'entreprendre, avec ses seules ressources, une expédition dont il garantissait le succès. Enfin, comme preuve de sympathie, le roi annonça qu'il envoyait son fils, le duc de Nemours, pour le représenter dans cette campagne.

S'attendant à être attaqué, El Hadj Ahmed avait pris quelques dispositions pour la défense de la ville et appelé à lui tous ses contingents ; mais le mois de septembre s'écoula sans que les courriers de l'Est lui signalassent le moindre mouvement des chrétiens ; des détachements se massaient au camp de Dréan ; c'était tout. Pour calmer son impatience, il réunit, à la fin de septembre une colonne légère, et en ayant pris le commandement, la conduisit avec diligence vers l'Est ; parvenu à Dréan, il attaqua audacieusement le camp, mais fut repoussé sur toute la ligne. Pour se venger, il rallia ses cavaliers et les entraîna jusque sous les murs de Bône, semant partout la dévastation et la terreur, puis revint à ses cantonnements sur les bords du Remel.

Sur ces entrefaites, le général Trezel était venu prendre le commandement de Bône, où les troupes et le matériel ne cessaient d'être transportés ; il fut assailli de plaintes contre Yusuf. Le bey de l'Est avait mis trop fidèlement en pratique les procédés des Turcs, et, trompé par des intrigants, s'était laissé entraîner à des actes blâmables qui lui avaient aliéné l'esprit des populations. « *Si nous devons être traités par votre bey aussi durement que par celui des Turcs,* répétait-on, *il est inutile de changer.* » Le général en rendit compte à son chef et l'avertit en outre que Yusuf ne réunirait jamais les 1500 mulets qu'il avait reçu l'ordre de réquisitionner.

———————

IV

COMPOSITION DE LA COLONNE EXPÉDITIONNAIRE.

ELLE MARCHE SUR CONSTANTINE

Mais l'affaire était trop engagée pour qu'un inconvénient de ce genre fut de nature à l'arrêter. Les troupes devant former la colonne étaient concentrées, et le 29 octobre, débarqua, à Bône, le prince royal. Clauzel arriva le surlendemain ; le 2 novembre, un ordre du jour communiqué à l'armée, fit connaître la composition de la colonne expéditionnaire.

En même temps le maréchal adresse à la population de Constantine une proclamation inspirée par la conviction qu'elle s'est séparée de son pacha. Il lui annonce que l'armée sera logée dans les maisons, mais que toutes les mesures sont prises pour que les biens, les croyances et les personnes des musulmans soient strictement respectés sous la protection du drapeau de la France. Nous ignorons si cette pièce parvint aux destinataires et, par suite, quel fut l'effet de l'éloquence du maréchal.

Voici la composition de l'armée expéditionnaire :

Infanterie :

59e, 62e, 63e de ligne ; 2e, 17e léger ; 1er bataillon d'Afrique ; Compagnie franche.	5.300	hommes
Génie. — 17 compagnies......	650	—
Artillerie...................	545	—
Ouvriers d'administration et train	250	—

Cavalerie :

3e chasseurs d'Afrique, spahis réguliers et gendarmerie....	895	—

Troupes indigènes :

Bataillon turc...............	300	—
Spahis irréguliers...........	200	—
Total......	8.040	hommes

Plus 30 officiers, formant l'état-major général.

L'effectif des chevaux et mulets, de selle et de trait, était d'environ 1,600 ; plus 400 mulets de réquisition.

L'armée fut divisée en quatre brigades, sous le

commandement en chef du maréchal Clauzel, assisté du duc de Nemours, qui prit la première brigade, et des généraux de Rigny et Trézel.

Le colonel Lemercier, du Génie, était directeur du siège, et le colonel de Tournemine commandait l'artillerie.

Berbrugger, secrétaire du maréchal, suivait l'expédition comme historiographe.

Le vieux général duc de Caraman avait obtenu la faveur d'en faire partie comme amateur.

Plein d'ardeur et de confiance, Clauzel communiqua à tous son entrain et ce fut dans ces dispositions que l'armée se concentra à Dréan. Mais les premiers jours de ce mois de novembre furent très pluvieux et, par suite de ce contre-temps, la tête de colonne ne quitta le camp que le 9.

Après divers incidents sans importance, l'armée se trouva réunie en entier sous Guelma le 15. L'avant-garde avait déjà pris possession de l'emplacement de la future ville ; on y éleva une redoute, en utilisant les ruines romaines, et un dépôt de vivres et de munitions y fut placé, sous la garde d'un bataillon d'infanterie.

Quant aux nombreux contingents indigènes promis par Yusuf et par les cheïkhs, on les attendit en vain. Les goums des Henanecha et des tribus voisines étaient bien partis, mais ils se tenaient à distance et l'on ne cessa de voir, sur les collines, des groupes de cavaliers refusant de s'approcher et gardant une attitude expectative jusqu'aux environs de Constantine.

Le 16 au matin, l'armée se remit en route et continua sa marche, sans autres incidents que quelques escarmouches de cavalerie sur les flancs. A partir de l'Oued-Zenati, la pluie ne cessa de tomber ; lorsque la colonne atteignit les hauts plateaux, elle devint de plus en plus froide et se changea en neige. Plusieurs soldats moururent de froid. Enfin, dans la soirée du 20, l'armée, rangée autour de ce monument antique appelé par les Arabes « la Soumaa », et que les troupes baptisèrent, on ne sait pourquoi, du nom de « Tombeau de Constantin » (derrière le Khroub), aperçut, entre deux ondées, la ville, qui fut saluée de longues acclamations. On voyait aussi, sur les mamelons de la rive gauche du Bou-Merzoug, la cavalerie du pacha, se tenant hors de portée.

Le lendemain, 21, la colonne descendit dans la vallée de l'Oued-Hamimim, et, comme ce ruisseau était démesurément gonflé par les pluies et la fonte des neiges, il fut très difficile au convoi de le franchir. Cependant, grâce au courage de tous, on sortit de ces fondrières et le gros de l'armée atteignit, dans l'après-midi, le plateau du Mansoura.

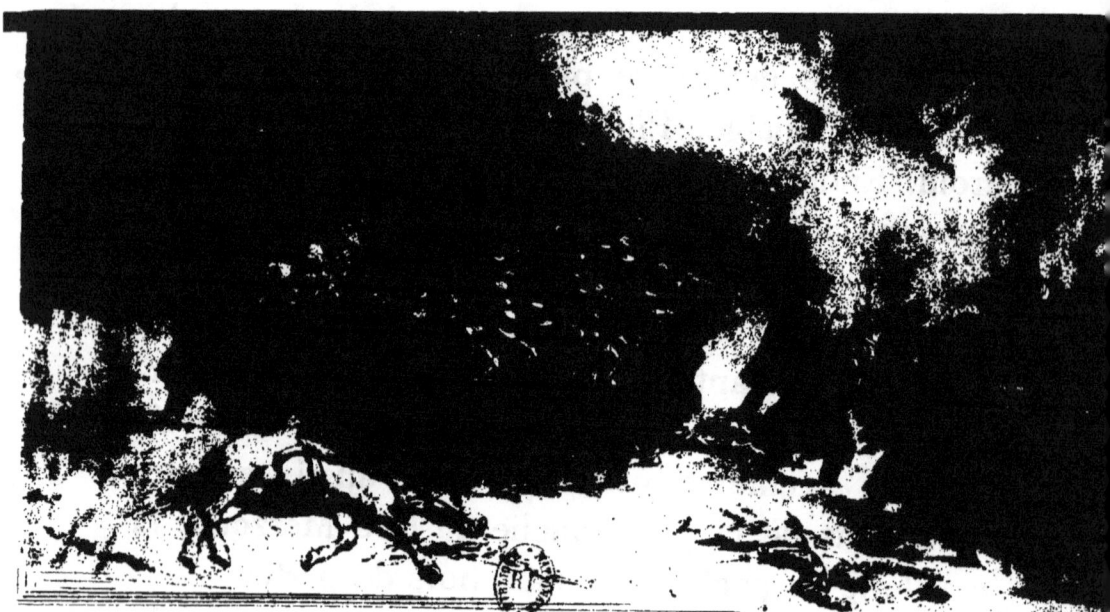

PREMIÈRE MARCHE SUR CONSTANTINE
L'ARMÉE QUITTE OUED-ZÉNATI (15 NOVEMBRE 1856)

V

INSTALLATION DES TROUPES ET COMMENCEMENT DU SIÈGE

Le maréchal, suivi de son Etat-major, s'avança jusqu'au bord des pentes faisant face à la ville, et chacun regarda, avec des impressions diverses, le spectacle qui s'offrait à ses yeux. Les maisons de Constantine s'étageaient sur les pentes de ce plateau incliné du nord-ouest au sud-est, dominées par les minarets des mosquées et couronnées au sommet par les fortifications de la Kasba, où l'on distinguait des pièces en batterie. Les portes étaient fermées et personne ne se montrait sur les remparts où deux grands drapeaux rouges se déployaient au caprice du vent. La vieille ville de Jugurtha et de Constantin semblait morte, et l'impression générale était pénible en présence de ce sphinx, dont chacun cherchait à pénétrer le secret.

Sous le charme de sa belle confiance, Clauzel s'attendait à voir une porte s'ouvrir pour laisser passer une députation de notables à barbe blanche, vêtus de belles robes claires, venant lui apporter les clés de la ville... Mais, tout à coup, plusieurs détonations se firent entendre et des boulets bien dirigés ricochèrent sous les pieds des chevaux de l'Etat-major. C'était la déclaration de la place :

2

elle voulait combattre ; le maréchal en prit aussitôt son parti ; il alla installer le quartier général dans un gourbi auprès du tombeau de Sidi Mabrouk et donna tous les ordres nécessaires.

Comment s'expliquer l'inertie d'El Hadj Ahmed, car il était dehors, avec des contingents de cavalerie nombreux ? Pourquoi n'inquiéta-t-il pas la marche de l'armée et la laissa-t-il s'installer devant la place, sans essayer de lui disputer le terrain ? Il connaissait, à n'en pouvoir douter, la haine que lui portaient les gens de la ville, comme ceux de la campagne, et préféra, sans doute, attendre, au milieu de ses goums, la décision du Très-Haut, écrite sur le livre du Destin.

Dès qu'on avait appris, à Constantine, la marche de la colonne, il avait expédié à Mila, chez son ami Bou Rennane ben Azz ed Dine, ses femmes préférées et ses trésors ; puis, laissant la ville sous le commandement de Ben Aïssa, il alla s'établir sur les pentes de la rive droite du Remel, au-dessus des Arcades romaines, avec les cavaliers de Ben Gana et ceux de Bou Aokkaz ben Achour. En face de lui, les fantassins appelés de Kabilie garnissaient les pentes du Chettaba.

Ben Aïssa, secondé par le caïd Ed Dar Ben El Bedjaoui, avait pris le commandement de la ville, et, sous la direction de ces deux hommes énergiques, la population s'était vue contrainte d'ajourner toute idée de soumission à l'infidèle. Et pourtant, les forces régulières ne se composaient que d'environ 1,200 Kabiles et Koulour'lis auxquels s'étaient joints des « volontaires » fournis par les citadins ; les vivres et les munitions étaient absolument insuffisants pour soutenir un long siège. Telles étaient les conditions matérielles et morales où se trouvait Constantine pour résister à l'attaque de l'armée française.

Cependant, le maréchal Clauzel ne semblait nullement affecté de la double déception qu'il éprouvait, en trouvant Constantine disposée à la lutte et en ne voyant pas venir ces nuées de cavaliers du Sud promises par Farhate ben Saïd, qui l'avait si ardemment poussé à l'expédition. De son quartier général de Sidi-Mabrouk, balayé par le vent et la neige fondue, il disposait tout pour que l'attaque fut menée énergiquement et sans le moindre retard.

La première et la deuxième brigade, sous le commandement du duc de Nemours et du général de Rigny, reçurent l'ordre d'occuper le Koudiat, dont les pentes s'étendaient jusqu'en avant de l'emplacement de notre halle. Ces troupes franchirent le Remel, sans doute vers l'emplacement actuel du pont du Bardo, et cette opération ne se fit pas sans peine, car la rivière roulait jusque sur les berges ses flots jaunâtres. Mais les soldats d'Afrique ne se laissaient pas arrêter par de tels obstacles, et tout trempés par cette eau glaciale, ils se formaient en bel ordre sur la rive gauche et commençaient à gravir les pentes.

A cette vue, un millier de fantassins sortirent des portes Bab-el-Oued et Bab-el-Djedid[1], et s'avancèrent en tiraillant le long des boutiques qui s'étendaient alors en deux lignes, depuis cette dernière porte jusqu'au pied du Koudiat ; un grand nombre de femmes et d'enfants les suivirent en poussant des cris aigus.

La 8ᵉ compagnie du 1ᵉʳ bataillon d'Afrique, qui formait l'avant-garde, avait déjà pris son poste sur le mamelon. Les zéphirs s'avancèrent audacieusement contre cette tourbe ; mais entourés d'ennemis, ils ne tardèrent pas à se trouver dans une situation très critique et eurent plusieurs hommes enlevés. Heureusement que les troupes arrivaient successivement. Les autres compagnies de ce bataillon coururent au secours de leurs camarades, les dégagèrent et repoussèrent les assaillants. Puis la charge sonna et le 17ᵉ léger, se jetant sur eux à la baïonnette, acheva la déroute.

Affolée, cette cohue se précipita vers les portes dans un désordre épouvantable, se poussant, s'écrasant contre la muraille, refoulée par les chasseurs chargeant au galop ; nos cavaliers s'avancèrent jusqu'aux portes, sabrant et écrasant tout ce qu'ils

1. La première s'ouvrait sur le front en avant du théâtre ; la seconde, située à l'angle du bâtiment occupé par le Trésor, sert actuellement de magasin à la Mairie.

rencontraient ; à peine les assiégés eurent-ils le temps de les refermer et d'en consolider les panneaux ; quelques volées de mitraille tirées du rempart arrêtèrent l'élan des soldats. Un témoin digne de foi assure qu'avec un peu d'audace, on pouvait pénétrer dans la ville à la suite des fuyards, en profitant du désordre qu'ils avaient causé et de la terreur qu'ils répandaient ; mais nous préférons croire que, si cela avait été possible, on n'eût pas manqué de le faire.

Les deux premières brigades s'installèrent, dans la soirée du 21, sur le Koudiat et s'y garantirent de leur mieux. Les pentes de l'Ouest, plus accessibles que les autres, furent coupées de petits murs destinés à arrêter l'assaillant. En même temps, les deux dernières brigades prirent leurs positions sur le plateau du Mansoura. Tout cela put être terminé avant la nuit et sans trop de difficultés, malgré la pluie persistante.

Malheureusement, le convoi et l'arrière-garde n'arrivaient pas, et il nous semble qu'on ne s'inquiéta guère de cette partie si importante d'une colonne expéditionnaire. On a vu que le passage de la vallée de l'Ouad-Hamimim avait été très difficile. Une fois sorti de ce mauvais pas, on se crut sauvé ; mais dans la traversée de la dépression qui précède l'Ouad-bi-el-Brarite (rivière des Chiens), et dans le lit de ce ruisseau, les charriots s'embourbèrent. Les hommes, comme les bêtes de trait, se trouvaient à bout de forces et d'énergie, et la nuit survenant, il fallut se résoudre à dételer et à camper dans ces bourbiers. Un bataillon du 62ᵉ fut laissé à la garde du convoi.

Les troupes attendirent donc en vain la distribution des vivres restés sur les charriots et l'on dut se contenter de ce qui avait été placé sur les mulets. Tandis que chacun s'organisait de son mieux pour passer la nuit, et que les officiers se multipliaient afin de garantir leurs hommes contre une surprise et de leur procurer des vivres et des abris, la région où le convoi était embourbé devenait le théâtre des plus tristes scènes. Accablés par la fatigue et les privations, trempés jusqu'aux os, démoralisés par ces torrents de pluie et de neige, les soldats de garde et les conducteurs, refusant d'écouter la voix de leurs chefs, entourèrent les voitures chargées de provisions; bientôt les bâches sont enlevées, les cordes détachées et le pillage commence. Les uns éventrent les sacs de riz, d'autres ouvrent les caisses de lard, mais le plus grand nombre s'attaque aux barils d'eau-de-vie et aux tonneaux de vin. Dès lors, la mutinerie se transforme en orgie; on ne pense plus à manger, mais à boire pour trouver dans l'ivresse l'oubli de tant de maux intolérables. Quel spectacle plus horrible que celui de ces malheureux grelottants, trempés jusqu'aux moëlles, couverts de boue, se gorgeant d'alcool dans l'obscurité, puis roulant ivres-morts dans la fange où ils expirent bientôt, couverts d'un linceul de neige...

Les plus sages finirent par écouter les exhortations de leurs chefs et, s'éloignant de ce théâtre de désolation et de ces entraînantes sollicitations vers une mort honteuse, se réfugièrent dans les grottes des hauteurs voisines. Aussitôt, les rôdeurs indigènes qui guettaient aux alentours comme des chacals, se précipitèrent à la curée, massacrèrent les malheureux soldats livrés sans défense par l'ivresse, coupèrent de nombreuses têtes et achevèrent le pillage du convoi.

Le désastre était complet et devait avoir les plus fâcheuses conséquences pour l'expédition.

VI

SIÈGE DE CONSTANTINE
ÉCHEC DE TOUTES LES ATTAQUES

Ce fut une bien triste matinée que celle du 22, dans les camps français, devant Constantine. Plusieurs hommes succombèrent, durant la nuit, à la fatigue et au froid ; les cas de congélation étaient nombreux. La nouvelle de la perte du convoi et de la mort des hommes préposés à sa garde, répandit la consternation.

Cependant, dès le matin, le colonel de Tour-nemine, directeur de l'Artillerie, essaya de faire hisser un canon de 8 sur le Koudiat. On franchit, non sans peine, le gué du Bardo ; mais lorsqu'il s'agit de gravir la pente, sous les balles des postes avancés, on s'épuisa en efforts surhumains. Les chevaux enfonçaient dans la terre détrempée et pouvaient à grand'peine en retirer leurs pieds, tandis que les roues, enlisées jusqu'au moyeu, demeuraient immobilisées. Il fallut y renoncer.

Pendant ce temps, on établissait une batterie de pièces de montagne sur la pente du Mansoura faisant face au pont, sans doute vers l'emplacement du regard de la conduite d'eau, et, durant la fin de la journée, la porte d'El-Kantara fut canonnée de ce point.

La pluie et la grêle ne cessèrent pas un instant de se répandre, fouettées par le vent du Nord ; cependant vers le soir, une double distribution de viande put être faite aux troupes, dont le moral resta excellent.

Mais le manque de munitions et la perte du convoi imposaient au maréchal l'obligation d'en finir au plus vite. Dès la tombée de la nuit, cinq compagnies du 63e furent placées dans le ravin qui longe notre usine à gaz ; puis des sous-officiers et des soldats du Génie se glissèrent en rampant sur le pont, afin de reconnaître l'état de la porte d'El-Kantara, qui semblait endommagée. Ils constatèrent, en effet, qu'elle était en partie renversée, mais qu'elle s'appuyait sur une deuxième porte établie en arrière.

Sur ces entrefaites, les sentinelles, dont la vigilance était en défaut, s'aperçurent enfin de la présence des Français et donnèrent l'alarme. Les assiégés accoururent aux bastions et couvrirent les abords de la porte d'un feu nourri, bien que mal dirigé. Néanmoins, la position n'était pas tenable et les hardis soldats se virent forcés de battre en retraite. On fit ensuite rentrer les compagnies envoyées pour donner un assaut que rien n'avait préparé.

La partie était remise, fâcheuse affaire pour des coups de main de ce genre, et nous ne pouvons nous empêcher, en songeant à ce qui devait avoir lieu la nuit suivante, de nous demander si l'on ne manqua pas d'initiative et si les hommes du Génie, parvenus si heureusement au pied de la porte, n'auraient pas dû essayer de la faire sauter. Il est vrai que nous ne sommes pas sûrs qu'ils étaient munis des engins nécessaires.

Dans le courant de la nuit, le temps s'était remis au beau et le soleil se leva radieux, le 23. El Hadj Ahmed en profita pour tenter une attaque générale du front Sud-Ouest du Koudiat. A la tête de sa cavalerie et soutenu par les fantassins kabiles, il se lança à l'assaut ; mais nos soldats, abrités de leur mieux, ripostèrent vigoureusement. L'audace des assaillants était grande, et le combat devenait acharné, lorsqu'une charge des Chasseurs et des Spahis déblaya le terrain. Les Kabiles, bousculés, sabrés, furent rejetés dans les ravins de l'Ouest ; puis nos cavaliers fondirent sur les Arabes du pacha et les dispersèrent.

Après avoir rallié ses goums, El Hadj Ahmed franchit le Remel, puis le Bou-Merzoug, et entraîna sa cavalerie vers les plateaux du Mansoura. Mais, avant qu'il eut atteint le sommet, nos soldats, rangés en bataille, en bordaient le front. Accueillis par un feu nourri, les cavaliers arabes ne tardèrent pas à tourner le dos et à rentrer à leur camp.

Sans attacher à ces démonstrations plus d'importance qu'elles ne comportaient, l'Etat-major donnait tous ses soins à la préparation de l'assaut d'El-Kantara pour la nuit suivante, et, comme il ne pouvait être douteux que les assiégés fissent meilleure garde que la veille, il fut décidé, dans le but de diviser leurs forces, qu'une attaque sérieuse serait tentée, en même temps, contre le front Ouest. Pour cela, il était nécessaire de donner au commandant des brigades du Koudiat les instructions les plus précises. Mais, bien que la pluie eut cessé, le Remel se trouvait démesurément grossi par la fonte des neiges et l'on essaya en vain de le franchir.

Il ne restait qu'à tenter le passage d'un piéton ; des volontaires furent demandés, à cet effet, aux troupes voisines. Plusieurs s'étant présentés, on choisit parmi eux un vigoureux carabinier, nommé Mouramble. Ce brave soldat se dépouilla de ses vêtements, attacha la missive sur sa tête et se lança dans le torrent impétueux et glacé. Grâce à son énergie, il parvint à le traverser, après une lutte dont les péripéties étaient suivies avec anxiété. Parvenu sur l'autre rive, il prit le pas de course, nu comme nos premiers parents, et finit par arriver au sommet du Koudiat, sans être atteint par les balles qui pleuvaient sur lui. Nous sommes heureux de rappeler ici le nom de cet obscur héros, qui fut reçu avec enthousiasme au camp des deux premières brigades et largement récompensé.

La batterie du Mansoura avait été rapprochée jusqu'à « portée de fusil » de la place et se trouvait, sans doute, vers l'emplacement du passage à niveau actuel ; durant toute la journée, elle ne cessa de canonner la porte, sans résultat appréciable. Dès que la nuit fut venue, la compagnie franche du capitaine Blangini, désignée comme tête de colonne d'assaut, alla se placer dans le petit ravin de l'usine à gaz. Une compagnie de carabiniers du 2ᵉ léger et deux bataillons du 63ᵉ, formant le reste de la colonne, se massèrent sur la gauche, en avant de la gare actuelle. Le général Trézel avait le commandement de l'opération. Quant à la direction des travaux, elle était aux mains du colonel Lemercier ; bien que malade et

épuisé par les fatigues des nuits précédentes, ce
brave officier ne s'épargna pas.

Ainsi qu'on devait s'y attendre, les assiégés faisaient bonne garde, massés sur ce point et ses
abords ; pour comble de malheur, la nuit était
claire et la lune brillait au milieu des étoiles. Après
tant de soirées sombres et brumeuses, c'était une
ironie du sort. A l'heure fixée, un signal convenu
fut fait au Koudiat et le colonel Lemercier donna
l'ordre de marcher à un détachement du Génie,
commandé par le chef de bataillon Morin et les
capitaines Hackett et Ruy. Aussitôt, les sapeurs
s'élancèrent sur le pont ; mais à peine y étaient-ils
engagés, qu'une grêle de projectiles s'abattit sur
eux. Beaucoup tombèrent ou roulèrent dans le
ravin, car l'ancien pont avait des parapets moins
élevés que le nôtre. Cependant, le plus grand
nombre atteignit la porte et, malgré le feu plon-
geant des assiégés, les sapeurs commencèrent acti-
vement un foyer de mine. En même temps, le canon
tonnait à Bab-el-Oued, et de grandes clameurs
s'élevaient sur tous les points.

Les travailleurs étant très gênés à El-Kantara
par les assiégés, le colonel Lemercier fit demander
en toute hâte au général Trézel des soldats pour
les protéger ; mais, soit que le message ait été
mal compris, soit que la mise en mouvement du
détachement désigné eût donné le change, chacun
se persuada que la tête de colonne était entrée et

PREMIÈRE ATTAQUE DE CONSTANTINE (23 NOVEMBRE 1836)

le bruit se répandit, de proche en proche, que la porte avait été forcée. Aussitôt, le 63ᵉ s'avança vers le pont.

Or, la compagnie franche entendait ne céder sa place à personne ; sortant du petit ravin, les hommes de Blangini se précipitèrent comme une trombe vers le pont, bousculèrent les sections déjà engagées, passèrent à travers les projectiles qui les criblèrent et vinrent s'abattre sur les malheureux sapeurs, écrasant les uns, crevant ou faisant rouler au ravin les sacs à poudre et détruisant les travaux. Le désordre fut inexprimable ; ce que voyant, les assiégés dirigèrent tous leurs coups sur ces soldats entassés dans un espace trop restreint, se bousculant et s'entraînant les uns les autres vers l'abîme.

Le général Trézel s'était porté en toute hâte sur le pont et, tandis qu'il s'efforçait de retenir et de faire reculer les troupes de seconde ligne, il fut atteint d'une balle à la figure. Cependant, le bruit de l'entrée des troupes à El-Kantara était parvenu à l'Etat-major, et le maréchal, suivi de ses officiers, se porta au galop dans cette direction. A l'entrée du pont, il rencontra le colonel Lemercier qui lui apprit, avec la plus grande douleur, l'échec irrémédiable de la tentative et l'invita à faire rentrer les braves gens qui se faisaient tuer là inutilement. L'ordre en fut donné aussitôt et les soldats repassèrent ce pont fatal, non sans laisser de nouvelles victimes en chemin.

L'attaque du front de Bab-el-Oued n'avait pas été plus heureuse. Le lieutenant-colonel Duvivier, qui la commandait, s'avança avec le Bataillon d'Afrique, une section du Génie et deux obusiers. Mais les assiégés les accueillirent par un feu d'enfer, et il se produisit une grande confusion dans la tête de colonne ; le sous-officier chargé de la poudre destinée à faire sauter la porte ayant été tué, on ne put retrouver le sac. Les obusiers furent cependant mis en batterie et on essaya, mais en vain, d'enfoncer la porte à coups de canon ; de hardis sapeurs allèrent même l'attaquer à coups de hache ; tout fut inutile et la situation des assaillants devint tellement critique, qu'il fallut se décider à la retraite. Le feu meurtrier de la place avait fait de nombreuses victimes ; le capitaine Grand, du Génie, et le commandant Richepanse, entre autres, étaient mortellement blessés.

VII

LEVÉE DU SIÈGE. — RETRAITE DE L'ARMÉE

Nous avons laissé le maréchal à El-Kantara, au moment où il venait de faire rentrer les soldats si malheureusement engagés. Ayant appelé le colonel de Tournemine, il lui demanda où en étaient les munitions : « Il en reste juste assez pour assurer la retraite », répondit cet officier.

« Fort bien ! nous partirons demain », dit Clauzel, avec ce sang-froid que rien ne pouvait troubler chez lui. Sa résolution fut ainsi arrêtée, sans demander d'autres explications, ni prendre le moindre renseignement sur la situation de la ville. Aussitôt, des ordres furent expédiés dans toutes les directions, prescrivant d'employer le reste de la nuit à préparer le départ, de façon que l'armée se mît en route aux premières lueurs du jour.

Tandis que les Français prenaient, avec une activité surprenante, leurs dispositions pour la retraite, que faisaient, que pensaient les assiégés ? On pourrait croire, qu'enthousiasmés par leur double succès, ils étaient tout à la joie d'avoir repoussé ces assauts audacieux, et se préparaient à soutenir énergiquement de nouvelles luttes... C'était tout le contraire : une véritable stupeur pesait sur la ville et chacun sentait que l'effort de la nuit ne pourrait se renouveler et que la résistance était épuisée.

Réunis chez le Cheïkh El Islam, Si M'hammed El Feggoun, les notables, les fonctionnaires, délibéraient sur le parti à prendre. Ils finirent par décider que, si le chef de l'armée garantissait, comme il l'avait offert, la sécurité des personnes et des biens, les portes lui seraient ouvertes le lendemain matin, à huit heures. Une déclaration, rédigée dans ces termes, fut signée par le Cheïkh El Islam, par Mohammed ben El Bedjaoui, caïd ed Dar, par El Hadj El Mekki ben Zagouta et plusieurs autres, parmi lesquels un certain Merabot El Arbi, qui devait le payer cher. La pièce fut écrite par un habile calligraphe, le kateb Si Mohammed ben El Antri. Certaines traditions affirment que Ben Aïssa sanctionna par sa présence cette délibération ; en tout cas, il n'y mit pas sa signature.

Quelle fatalité était donc attachée à cette expédition, entreprise peut-être avec une trop grande confiance, contrariée par des intempéries extraordinaires, même pour la saison, et que, cependant, le courage et la constance de nos soldats allaient faire réussir ? Dans quelques heures, on aurait pu entrer, musique en tête, dans la vieille cité des Jugurtha et des Sifax, mettre fin à une odieuse tyrannie et éviter les épreuves d'un second et terrible siège... Cela eût été trop beau, trop simple surtout, et l'on allait tourner le dos à la fortune.

Il fallait aussi donner raison au fatalisme musulman qui confère le triste privilège de ne s'étonner de rien : *« Dieu est grand ! Nous étions prêts à nous rendre à ces Français et les voilà qui fuient devant nous ! C'était donc écrit. Que Dieu les maudisse ! »*

Depuis le maréchal, jusqu'au dernier soldat, tout le monde était victime des préjugés, car per-

onne ne comprenait le caractère de ses adver-
aires. Habitué aux grandes guerres, Clauzel jugeait
a situation selon des règles s'appliquant à d'autres
emps et à d'autres lieux ; du moment que les res-
ources en vivres et en munitions suffisaient tout
uste à assurer la retraite, il ne restait qu'à l'ordon-
er. Ce principe admis, il fallait partir le plus rapi-
ement possible, sans regret et sans honte.

En se plaçant à ce point de vue, le Maréchal est à
abri de tout reproche ; mais ce qu'il aurait dû savoir,
ar un chef d'armée ne devrait rien ignorer, c'est
ue nos indigènes musulmans épuisent vite leur
rdeur et qu'ils ne sont jamais plus près de se rendre
ue quand ils paraissent le plus acharnés à la résis-
ance, parce que leurs actes ne sont pas conduits
ar la logique de l'homme de principe, puisant sa
orce dans le sentiment du devoir et de la responsa-
ilité personnelle, mais par un entraînement tom-
ant aussitôt qu'ils peuvent croire que Dieu en a
écidé autrement, de sorte que, lutter contre sa
olonté serait non-seulement une folie, mais un
acrilège.

Et voilà pourquoi, tandis que les assiégés étaient
ésolus à se rendre à la première heure, le Maréchal
isposait tout pour que la retraite commençât au
oint du jour. Voilà pourquoi il allait partir sans
egarder derrière lui, après avoir passé trois nuits
evant Constantine, sans tenter la moindre démar-
he directe ou indirecte, pour se rendre compte des

intentions de ces assiégés qu'il comptait voir arriver
en suppliants au devant de lui, trois jours auparavant.
C'était une autre forme de fatalisme. En prenant au
pied de la lettre les déclarations de ceux qui le
poussaient à l'expédition, il avait eu tort ; en n'en
tenant plus aucun compte, il se trompait également,
car il y avait beaucoup de vrai dans ce qu'on lui
avait dit. Tout cela était relatif, comme la plupart
des choses de ce monde, et Clauzel jugeait au point
de vue absolu.

Les préparatifs de retraite furent, nous le répétons,
menés sur tous les points avec une activité merveil-
leuse. Durant le reste de la nuit, on hissa, non sans
peine, les pièces de la batterie d'El-Kantara, sur le
plateau. Au Koudiat l'ardeur n'était pas moindre,
et, le 24, au matin, dès que l'aube commença à
paraître, les deux brigades du Mansoura se mirent
en mouvement ; tandis que, sur le mamelon de
l'Ouest, les deux autres s'ébranlaient.

Aussitôt qu'il fit assez jour pour s'en rendre
compte, les vigies placées sur les remparts crurent
d'abord être victimes d'une illusion. Puis la nouvelle se répandit dans la ville et chacun répéta :
« *Les Chrétiens prennent la fuite !* » En quelques
minutes les idées changent de direction et, de tous
les points, des rumeurs, des cris s'élèvent vers le
ciel. Les uns adressent à Dieu des actions de grâce,
les autres se répandent en imprécations et en menaces. Puis une foule en délire se précipite vers les

ortes de l'Ouest et sort en tumulte dans la direction
u Koudiat.

Les deux premières brigades ont déjà descendu
es pentes et en partie effectué le passage du
emel. Un bataillon du 2ᵉ Léger, commandé par
hangarnier, formant l'arrière-garde, vient de se
ettre en marche. Tout à coup, des cris de détresse
e font entendre en arrière : c'est un avant-poste
'une quarantaine de Zéphyrs qu'on a oublié de
révenir et qui, s'apercevant de la retraite, a voulu
ejoindre et est tombé au milieu des forcenés de la
ortie. Immédiatement, Changarnier commande
emi-tour et le brave 2ᵉ Léger se précipite à la
aïonnette sur les bédoins, les refoule et a la
atisfaction d'arracher les deux tiers des camarades
une mort horrible.

Cela fait, l'arrière-garde reprend sa marche et
averse le Remel sous la protection du lieutenant-
olonel Duvivier qui a déployé ses hommes sur la
ve droite. La tête de colonne des deux premières
rigades avait pu gagner du terrain et était sur le
oint d'atteindre le plateau, avant que les cavaliers
rabes, établis sur les pentes, au-delà des Arcades
omaines, se fussent rendu un compte exact de la si-
uation. Mais ils furent bientôt en selle et se lancèrent
travers la pépinière pour couper la colonne. Re-
ardé par l'affaire des Zéphyrs, le bataillon d'arrière-
arde les trouva en face de lui et se vit entouré
'une nuée de cavaliers poussant des cris horribles.

Sans s'émouvoir de leurs menaces, mais voyant l
Arabes devenir trop nombreux et trop hardis, Cha
garnier fait former le carré, sans doute sur les pr
miers mamelons, occupés maintenant par u
briqueterie, en face du pont du Bardo. « *Allon*
mes amis, — dit-il à ses soldats, — voyons c
gens-là en face : ils sont six mille ; vous êtes tro
cents ; vous voyez bien que la partie est égale ! » C
paroles que l'histoire a conservées, ou peut-êt
d'autres, mais surtout le sang-froid de leur che
réunissent le cœur de tous ces hommes en l'éleva
au plus haut sentiment du devoir et de l'honneu
les Arabes s'arrêtent un instant devant un tell
fermeté. Mais ils reprennent courage et se jette
à grands cris contre le carré ; les armes étaie
prêtes, cependant personne ne tirait, jusqu'à c
que la voix vibrante du chef commandât tranquille
ment : « *Feu de deux rangs. — Commencez le feu !*
Alors, la fusillade illuminait les faces du carr
régulière et assurée comme à la manœuvre, cou
chant dans la poussière les premiers assaillant
dont les plus hardis étaient achevés à la baïonnette
et éloignant les autres.

Puis, le bataillon du 2e Léger gagnait du terrai
et formait de nouveau le carré lorsqu'il était tro
pressé. Ce fut ainsi qu'il contint l'effort de l
cavalerie d'El Hadj Ahmed et permit à l'armée d
prendre les devants. Il atteignit enfin le plateau san
trop de pertes. Cette retraite couvrit de gloire l

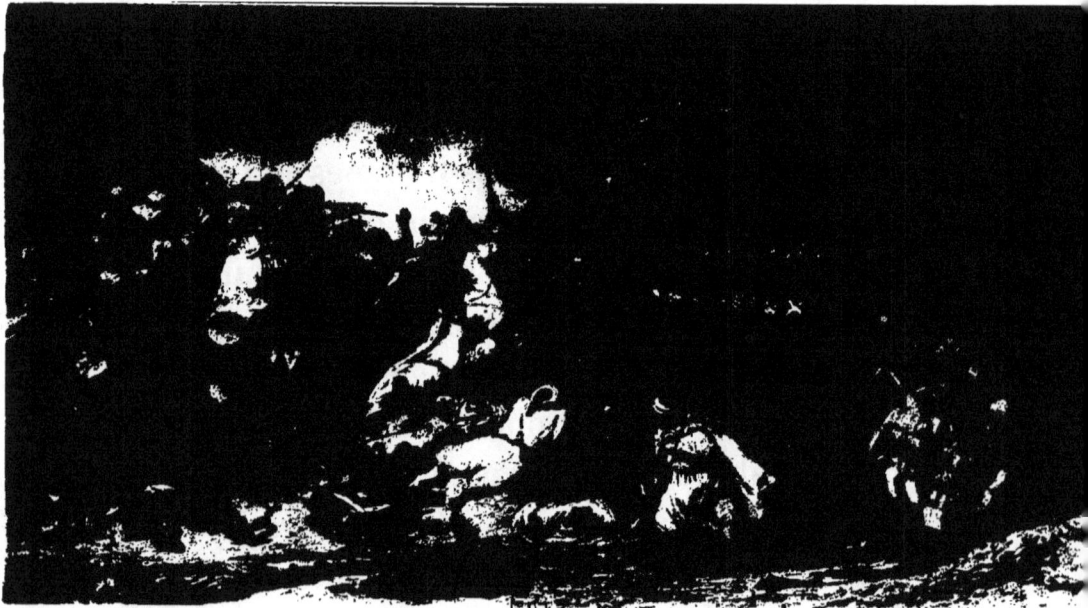

RETRAITE DE CONSTANTINE

LE 2ᵉ LÉGER COMMANDÉ PAR LE CHEF DE BATAILLON CHANGARNIER (21 NOVEMBRE 1836)

Léger et fit, à bon droit, la fortune militaire de
on commandant.

Pendant que les abords de la pépinière actuelle
aient le théâtre de cette lutte héroïque, d'autres
cènes se passaient au Mansoura. La tête de colonne
es dernières brigades était déjà loin et les deux
ataillons formant l'arrière-garde allaient quitter le
amp, lorsque des cavaliers indigènes, des marau-
eurs sortis de la ville, arrivèrent de tous côtés,
ssayant de les inquiéter et de leur couper le
hemin.

Ces troupes se mettaient en route lorsqu'elles en-
ndirent, en arrière, des cris déchirants. Ils par-
aient de la lisière du plateau du Mansoura et
taient poussés par des malheureux blessés et ma-
des français qu'on avait placés dans les grottes
our les abriter de la pluie ; plusieurs prolonges
emplies de ces gens et deux canons avaient attiré
attention des rôdeurs, qui les attaquaient au cou-
eau. Comment ces tristes victimes avaient-elles été
insi abandonnées ? Certains prétendent qu'on les
ublia ; mais il est plus probable qu'après les avoir
lacées dans les prolonges, on manqua d'attelages
our les emmener, ainsi que les canons, et que,
ans la précipitation de la retraite, les hommes
hargés de ce soin y renoncèrent, sans que leurs
hefs s'en inquiétassent. Le désespoir de ces malheu-
eux était navrant et l'arrière-garde fit ce qu'elle
ut pour les délivrer ; du reste elle n'avait pas de

chevaux pour les atteler aux voitures et ne pouva
se laisser couper de la colonne. Les blessés furer
donc égorgés sans pitié.

Cet épisode fut un des plus tristes de la campagn
et l'on n'a jamais su exactement sur qui devait
retomber la responsabilité. En tout état de caus
il fut la conséquence de la hâte avec laquelle l'a
mée décampa, et le Maréchal aurait pu dire, pou
sa défense, que de telles opérations ne se réalise
pas sans victimes et que cette hâte, par la su
prise qu'elle causa à l'ennemi, assura le salut
l'armée.

Les deux bataillons d'arrière-garde durent s'ou
vrir un passage pour rejoindre la colonne, et fure
inquiétés jusque vers l'oued Bi-el-Brarit. Il fall
faire plusieurs retours offensifs ; un bataillon
53ᵉ, formant la queue du corps principal, exécut
une brillante charge à la baïonnette qui nettoya
plateau. La marche continua ensuite, sans actio
sérieuse et, dans la soirée du 24, l'armée camp
auprès de la Soumâa, où elle s'était arrêtée, quat
jours auparavant, pleine de confiance et d'espoi
Le lendemain, 25, les premières lueurs du jo
permirent de constater qu'on était entouré de nué
d'indigènes, criant, vociférant, mais se tenant
distance. La colonne prit tranquillement son ord
de route et continua sa marche, harcelée penda
toute la journée par des ennemis que les flanqueu
tinrent à distance.

Les 26 et 27, il fallut livrer plusieurs combats à l'avant-garde et à l'arrière-garde, car les indigènes, de plus en plus nombreux, étaient devenus plus hardis. De sévères leçons leur furent infligées sur tous les points et les Arabes n'obtinrent d'autre satisfaction que d'enlever quelques trainards et de mutiler les cadavres arrachés des tombes creusées à la hâte. Le 28, l'armée atteignit Guelma et rentra sans encombre à Bône, le 1er décembre.

Cette retraite, fort bien conduite, s'effectua dans les meilleures conditions. Abstraction faite de quelques défaillances, telles que celle du général de Rigny, causée par une véritable hallucination, officiers et soldats s'y montrèrent dignes de leur renommée. Signalons aussi la noble conduite du vieux général de Caraman, qui avait suivi la campagne en volontaire : on le vit, pendant la plus grande partie de la route, conduisant par la bride son cheval, sur lequel il avait placé des blessés, et donnant à tous l'exemple du courage calme et de l'entrain.

Cette malheureuse campagne avait coûté à la France 443 hommes de troupe tués, morts de maladie ou disparus ; 11 officiers y trouvèrent la mort ou succombèrent à leurs blessures. Il faut y ajouter le colonel Lemercier, déjà malade au départ et qui mourut peu de jours après, épuisé par les fatigues de ce siège fatal, où il s'était prodigué. L colonne ramena, en outre, 304 blessés, dont bon nombre moururent dans les hôpitaux.

Pendant que les Français achevaient leur triste voyage, Constantine se livrait à la joie ; on se félicitait, on s'embrassait et même, ceux qui étaient restés prudemment à l'écart, prenaient des airs de héros. Mais cet enthousiasme fut bientôt tempéré par une inquiétude générale, pesant sur tous, ainsi qu'une nuée qui recèle la foudre. Le Pacha allait revenir : que dirait-il ? Que ferait-il ? Quelle serait son attitude, lorsqu'il apprendrait que sa capitale avait failli être livrée au chrétien ?

El Hadj Ahmed ne tarda pas, en effet, à rentrer à Constantine et chacun fut effrayé de la sévérité de son expression. Il était exaspéré de la délibération prise chez le cheikh El Islam ; mais, remettant à plus tard sa vengeance contre les principaux signataires, il se borna pour le moment, à faire saisir ce comparse nommé Merabot El Arbi qui avait eu la fâcheuse idée d'apposer, avec les notables, son nom au bas de la pièce. On le promena dans les carrefours et le crieur public annonça à tous que ce renégat avait voulu vendre la terre de l'Islam à l'infidèle, et qu'il allait être puni du supplice des traitres. Après avoir supporté mille avanies, le malheureux fut pendu ignominieusement.

Cette rigueur était un avertissement et une menace contre des personnages plus importants. La ville demeura plongée dans la terreur et le vieux cheikh El Islâm, Si M'hammed, sortant de sa réserve habituelle, vint courageusement affronter le tyran et l'exhorter à la modération. En dépit de la violence de son caractère, El Hadj Ahmed se résigna à l'écouter et parut tenir compte de ses avis. Il chercha alors à assouvir sa colère sur les chefs des Henanecha et autres personnages de l'intérieur, mais sans grand succès.

SECOND SIÈGE

(1837)

VIII

DAMRÉMONT REMPLACE CLAUZEL COMME GOUVERNEUR

TENTATIVES D'ARRANGEMENT AVEC LE PACHA. -- SES PROVOCATIONS

L'échec de l'expédition de Constantine eut en France un retentissement considérable et le sentiment public se prononça, tout d'abord, nettement : il fallait prendre sa revanche de ce désastre et occuper Constantine. La première mesure était le remplacement de Clauzel et, quand on songe que

le Maréchal, en ordonnant la retraite, savait parfaitement qu'il consommait sa déchéance, on ne
peut se défendre d'un sentiment de respect pour ce
vieillard, qui sacrifia sa popularité, sa position, au
sentiment du devoir afin de conserver, à peu près
intacte, son armée à la France. On pouvait lui
reprocher des fautes, mais sa probité restait inat-
taquable.

Le général marquis Denys de Damrémont qui,
déjà, avait été désigné comme gouverneur de l'Algérie, recueillit sa succession. Aux yeux de tous,
il avait pour premier devoir de venger l'insulte faite
au drapeau français devant Constantine. Mais le
gouvernement, bien qu'il affirmât en toute circons-
tance son intention de prendre les mesures nécessaires pour cette réparation d'honneur, adressait
secrètement au Gouverneur des instructions lui
faisant entendre qu'il préférait traiter à des conditions acceptables.

Traiter avec un homme tel qu'El Hadj Ahmed,
dans les circonstances présentes, pouvait sembler
possible à Paris ; à Alger c'était autre chose. Toutes
relations étaient interrompues avec le Pacha, qui
surveillait avec le plus grand soin quiconque aurait
été à même de servir d'intermédiaire. Le Gouverneur se décida à envoyer à Tunis le capitaine Foltz
et l'interprète Rousseau dans l'espoir que de là, ils
trouveraient moins difficilement le moyen de communiquer. On savait que le Pacha s'était rappro-

ché du bey de Tunis et avait obtenu qu'il laissât passer sur son territoire des munitions et des soldats levantins.

Mais les envoyés de Damrémont usèrent en vain leur diplomatie pour décider un intermédiaire sérieux et ne purent trouver qu'un malheureux juif, du nom de Badjou, lequel consentit à se charger du message. Parvint-il à destination ? C'est probable; mais le Pacha ne daigna même pas répondre. Comme tous les gens de sa sorte, ce despote se persuada qu'il était craint, et en conclut qu'il avait le droit de faire le difficile.

Après l'échec de cette tentative, Damrémont, toujours poussé par le ministère, ne se tint pas pour battu. Le vent était aux transactions, et le 30 mai, Bugeaud, passant par dessus la tête de son chef direct (le Gouverneur), venait de signer avec Abd El Kader, le honteux traité de la Tafna. Un Israélite, dont la famille avait joué un rôle politique à Alger et s'était trouvée mêlée à l'affaire qui détermina la rupture avec le dey, Busnach (Bou Djenah), offrit alors de porter au Pacha de Constantine les propositions de la France.

Il partit, porteur d'un projet de traité aux termes duquel El Hadj Ahmed aurait reconnu la suzeraineté de la France, à charge de servir un tribut annuel. Les profonds politiques qui avaient conçu cette idée, espéraient, par ce moyen, contrebalancer, sans sacrifices, la puissance d'Abd El Kader ;

on était parvenu, à force de génie, à se créer un adversaire redoutable à l'Ouest, il fallait un autre roi des Arabes à l'Est ! Et cette combinaison n'était pas l'œuvre de Damrémont, mais celle du gouvernement central ; nous en trouvons encore la preuve dans une lettre du duc d'Orléans au Gouverneur, en date du 19 juillet 1837, où le prince royal, après avoir combattu ses scrupules, conclut ainsi : « *On ne peut, à la rigueur, vous demander de faire mieux que le général Bugeaud.* »

Heureusement pour l'honneur national, que le Pacha, aveuglé, et justifiant une fois de plus l'axiome *quos vult perdere*, traîna les choses en longueur ou émit des prétentions tellement exorbitantes que la négociation ne put aboutir. Puis, pour caractériser ses intentions, il réunit de nombreux contingents de cavalerie, les plaça sous le commandement de Ben El Hamlaoui et de Bou Zeïane ben El Eulmi et les chargea de s'emparer du camp de Guelma, où une garnison avait été laissée. Nos soldats repoussèrent facilement les attaques tumultueuses des Arabes, et comme ceux-ci, établis à distance semblaient vouloir maintenir une sorte de blocus, Duvivier, qui commandait le poste, exécuta plusieurs sorties meurtrières pour les assiégeants, surtout celle du 16 juillet. Les goums se bornèrent dès lors à porter le ravage aux environs, puis ils se lassèrent d'une campagne si peu fructueuse pour eux, et il fallut les licencier.

Après cette provocation, on ne pouvait continuer les pourparlers. Damrémont le déclara catégoriquement et demanda au gouvernement de l'autoriser à préparer l'expédition et de lui fournir les moyens matériels nécessaires. La campagne de 1836 avait permis de se rendre un compte exact de la situation et ses enseignements, chèrement achetés, ne devaient pas être perdus.

IX

L'ARMÉE SE CONCENTRE A MEDJEZ-AMMAR

ORGANISATION DE LA RÉSISTANCE A CONSTANTINE

Pressé par Damrémont, qui voulait être en mesure de marcher avant la mauvaise saison, le gouvernement l'autorisa à tout préparer, mais en conservant l'espoir de conclure un arrangement ; et le 3 septembre, le ministre lui écrivait encore de faire son possible dans ce but. En Algérie on y avait renoncé ; le Gouverneur avait fait établir à Medjez-Ammar, en face du gué de la Seybouse, un vaste camp retranché, où arrivaient sans cesse le matériel, les approvisionnements et les troupes. Il s'y rendit lui-même, dans les premiers jours d'août, et y resta pour que tout fut organisé sous ses yeux. Le 7 septembre, il annonça à l'armée, par un ordre du jour, que le duc de Nemours prendrait part à la campagne de même que l'année précédente. Son frère aîné avait en vain sollicité cet honneur : l'intérêt de la dynastie ne permit pas d'exposer l'héritier présomptif à de tels dangers. Une reconnaissance fut poussée, le 13, par le Gouverneur jusqu'à l'Oued-Zenati.

Tandis que l'on préparait ainsi l'expédition, Constantine était le théâtre d'une grande activité. La leçon de l'année précédente servait également au pacha et il prenait, de concert avec Ben Aïssa, toutes les mesures afin que rien ne fît défaut ; car on se rendait bien compte que l'attaque serait plus sérieuse que l'année précédente. Une anxiété réelle pesait sur la population ; mais personne n'osait manifester ses craintes, tant était grande la terreur maintenue par El Hadj Ahmed et ses agents.

Tout le pourtour des fortifications avait été réparé et renforcé, principalement la face de l'Ouest et les abords du pont. De nouveaux créneaux étaient percés dans la muraille, sur plusieurs étages en divers points ; deux batteries fort bien établies défendaient les portes Bab-el-Oued et Bab-el-Djedid ; 63 bouches à feu se trouvaient en position et armées. Une batterie de mortiers établie sur une plate-forme, au sommet de la Kasba, permettait de lancer des bombes dans tous les sens.

La double ligne de boutiques qui se prolongeait,
à peu près sur l'emplacement de l'avenue actuelle
des squares et avait servi aux assiégeants pour
s'abriter, était entièrement rasée et il ne restait sur
l'isthme que la petite mosquée à minaret établie
vers le rond point de notre square nᵒ 2. Plusieurs
postes avaient été placés sur la route menant au
Bardo. Les deux portes de l'Ouest étaient proté-
gées en dehors par des murs en pierres sèches.
Quant à celle d'El-Kantara, elle fut bouchée à
l'intérieur par un amas de blocs de plusieurs mètres
d'épaisseur [1].

Des quantités considérables de poudre, de boulets, de munitions de guerre, apportées jusqu'au
dernier moment, s'entassaient dans les magasins et
sur différents points de la ville. En même temps
les grains remplissaient les silos ; on fabriquait le
biscuit et on recevait des vivres et des provisions
de bouche de toute sorte.

L'effectif combattant était en rapport avec ces
moyens matériels. D'excellents canonniers et bom-
bardiers, au nombre d'environ 500, enrolés en
Orient, étaient arrivés par la Tunisie. Le bataillon
régulier de Kabiles était porté à l'effectif de 1500
hommes choisis ; les corporations d'ouvriers étaient
armées et divisées par groupes sous l'autorité de
chefs énergiques ; il en était de même de la milice

1. Il ne faut pas oublier que l'ancienne porte était dans
une sorte de trou, à une dizaine de mètres en contre-bas.

urbaine proprement dite et ces derniers corps four-
nissaient ensemble environ 2000 combattants
sous l'autorité directe de Ben El Bedjaoui.

La situation, on le voit, était tout autre qu'en
1836, et si les Français allaient se présenter plus
nombreux, avec des moyens plus puissants, ils
devaient se heurter à une organisation de la résistance autrement sérieuse. Toutes proportions gar-
dées, l'entreprise était, certainement, plus difficile.

Dès le mois de juin, le pacha avait parcouru les
tribus de l'intérieur, afin de s'assurer le concours
de tous et la guerre sainte avait été proclamée. De
tous les points arrivaient les contingents : cavaliers du Sud, sous le commandement de Bou Aziz
ben Gana ; du Ferdjioua, ayant à leur tête le
cheikh Bou Aokkaz ; et de la Medjana, amenés
par Ahmed ben Mohamed El Mokrani. Ils cam-
paient, sous l'étendard de leurs chefs respectifs, le
long des pentes s'abaissant vers le Remel. Enfin,
les fantassins Kabiles, venus du Nord, garnissaient
les versants inférieurs du Chettaba, au-dessus de
l'Ouad-el-Malah.

En dépit de son assurance et malgré tout ses
préparatifs, El Hadj Ahmed, voyant approcher le
moment critique, se demandait s'il n'aurait pas
mieux fait de traiter avec la France ; les rapports
qu'il recevait de l'Est n'étaient guère rassurants et
il aurait bien désiré savoir si la colonne expédition-

naire était, en réalité, aussi forte qu'on le disait. Sous l'empire de ces préoccupations, il se décida à envoyer au camp de Medjez-Ammar le secrétaire Si Mohammed ben El Antri, à l'effet de remettre au général une lettre contenant ses propositions, et d'examiner en même temps les forces et les dispositions des ennemis. Il offrait la paix, à la condition que son autorité serait reconnue par le gouvernement français, sur toute la province, sauf la région de Bougie, et que, par conséquent, nous évacuerions Guelma et Bône.

Il était bien tard pour se montrer si exigeant, aussi le Gouverneur repoussa-t-il, sans les discuter, ces insolentes prétentions. Aussitôt après le retour de Ben El Antri à Constantine, une réunion de notables fut convoquée par le Pacha pour entendre son rapport. Frappé par l'appareil militaire de l'armée déjà réunie à Medjez-Ammar, le secrétaire en fit un tableau effrayant ; aussi, la plupart des assistants furent-ils d'avis que, pour éviter les horreurs d'un nouveau siège, il était préférable de traiter en obtenant de l'ennemi les meilleures conditions possibles. Mais Ben Aïssa se prononça, avec la plus grande énergie, pour la résistance, et finit par imposer son opinion à ces timides, qui affectèrent, dès lors, une énergie fort éloignée de leur cœur.

On se sépara tumultueusement et tout retomba sur le malheureux Ben El Antri. Accusé de trahison, il faillit être écharpé par la foule pendant qu'on le traînait à la prison, où il ne tarda pas à expirer des suites de son émotion, d'autres disent par le poison [1].

Dès lors, chacun ne pensa qu'à combattre et se prépara à faire son devoir. Comme l'année précédente, le Pacha expédia à Mila ses femmes préférées et beaucoup d'objets précieux. Plaçant ensuite la ville sous le commandement suprême de Ben Aïssa, il s'établit au milieu de ses cavaliers indigènes, puis partit vers l'Est, à la tête de nombreux escadrons et d'un corps de fantassins. Le 22 septembre, il se trouvait en face du camp de Medjez-Ammar et l'attaquait aussitôt avec audace ; mais nos soldats le repoussèrent vigoureusement. Il recommença le lendemain, sans plus de succès, et fut poursuivi par le lieutenant-colonel Lamoricière, qui lui tua beaucoup de monde.

Ces deux combats refroidirent singulièrement l'ardeur des champions de la foi et leur coûta cher. Aussi, le Pacha s'empressa-t-il de rentrer au camp de Constantine, où le retour fut beaucoup moins brillant que n'avait été le départ.

La concentration des troupes de la colonne ne s'était pas faite sans mécomptes. Le 12e de

1. Son fils, Si Salah, nommé plus tard secrétaire de la division, fut chargé par le duc d'Aumale de dresser une chronologie historique des beys, qui fut publiée en français et arabe. Son petit-fils, Si Moustafa, est bach-adel à Aïn-Beïda.

ne apporta avec lui le choléra, et, au dernier
ment, le général se décida à laisser dans le
p les troupes contaminées. A la fin de sep-
bre, le prince royal étant arrivé, et tout se trou-
t prêt, l'armée se disposa au départ.

X

COMPOSITION DE L'ARMÉE EXPÉDITIONNAIRE

SA MARCHE ET SON ARRIVÉE A CONSTANTINE

Voici la composition et l'effectif de l'armée
éditionnaire :

Infanterie :

aves, 11ᵉ, 12ᵉ, 23ᵉ, 26ᵉ, 47ᵉ de Ligne, 2ᵉ,
7ᵉ Léger, 3ᵉ Bataillon d'Afrique, Légion étran-
ère, Compagnie franche, Tirailleurs et Bataillon
urc...................... 9,500 hommes

illerie................... 1,000 —

nie (sapeurs des 1ᵉʳ, 2ᵉ et 3ᵉ
égiments)................. 700 —

Cavalerie :

et 3ᵉ Chasseurs d'Afrique,
Spahis réguliers........... 1,100 —

En ajoutant à ces chiffres les détachements

du Train, de l'Administration, des Infirmiers, e
la colonne comprenait un effectif d'environ 13,
hommes, sans compter les cavaliers auxiliaires.

Elle emmenait un parc de siège, et, à cha
brigade, étaient joints douze obusiers de monta
et six pièces de campagne.

Les attelages de l'artillerie et des charriots étai
assurés par 580 bêtes de trait, et un convoi
483 mulets de charge suivait la colonne.

Tous les services étaient bien organisés et par
tement pourvus, comme personnel et comme ma
riel.

Le Gouverneur, lieutenant-général Damrémo
commandait en chef, avec le général Perréga
comme chef d'Etat-major.

Le général comte Valée commandait l'Artille
avec le général de Caraman (fils du vieux duc
avait pris part à l'expédition de 1836), comm
dant en second.

Le service du Génie et la direction du si
étaient confiés au général baron Rohault de Fle

L'armée formait quatre brigades, command
par :

Le duc de Nemours........   1ʳᵉ brigade
Général Trézel...........   2ᵉ   —
Général Rulhières........   3ᵉ   —
Colonel Combes..........   4ᵉ   —

Le service médical était dirigé par le docte
Baudens.

Le 1er octobre, la tête de colonne s'ébranla ;
se composait des deux premières brigades ;
s venait l'immense convoi qui aurait du être
s grand encore, car, au dernier moment, les
yens de transport firent défaut et l'on dut laisser
ucoup de matériel et de munitions. Les deux
nières brigades formaient la queue de la colonne
leur marche fut retardée par le convoi dont les
ures et les lourdes pièces étaient arrêtées à
que instant.

Bien qu'en temps ordinaire cette saison fut très
pice, l'automne de 1837 devait faire exception,
a pluie ne tarda pas à accompagner la colonne,
augmentant les difficultés de la marche. L'en-
ni, heureusement, ne l'inquiéta pas d'une manière
euse. Des cavaliers arabes suivaient à distance,
les flancs, se bornant à incendier les meules
paille et les gourbis. Nos chasseurs les poursui-
ent et sabrèrent ceux qu'ils purent atteindre.

Le 5, à onze heures du matin, l'avant-garde
eignait la Soumâa, par un beau soleil, et bientôt
premières brigades saluèrent Constantine de
rrahs répétés. On apercevait de là le sommet
campements des cavaliers du Pacha, s'étageant
les pentes de la rive droite du Remel. Quelques-
s vinrent parader, mais sans s'approcher, et
ent écartés par les Chasseurs. Une ligne de tirail-
rs et des postes avancés protégèrent l'armée qui
mpa des deux côtés de l'Oued-el-Hamimim.

Durant la nuit suivante, la pluie tomba à torre
mais le 6, au matin, le beau temps semblait rev
et la colonne se mit gaiement en route. A
heures du matin, l'avant-garde débouchait su
plateau du Mansoura, sans que l'ennemi eût c
ché à lui disputer le passage. Puis l'armée ar
le duc de Nemours marchant en tête devant
brigade. Le quartier général s'installa, comme l
née précédente, à Sidi-Mabrouk, et fut salué
quelques bombes, bien dirigées, de la Kasba.

La ville n'avait pas l'aspect morne qui frapp
tristement les soldats, en 1836. De grands
peaux rouges flottaient sur différents points
partout, les citadins montés sur les toits et su
terrasses, ou réunis le long des remparts, faisa
retentir l'air de leurs cris. De plus, un groupe d
digènes s'étaient massés en avant du pont d'
Kantara, comme pour défendre d'en approch
Ils en furent délogés par les Zouaves et le
Léger, sous le commandement de Lamoricière.

Les directeurs du Génie et de l'Artillerie a
rent alors reconnaître la place et se rendirent c
pte des travaux qui avaient été faits pour repo
ser l'attaque par El-Kantara. C'eût été folie
l'essayer et il fut décidé que tout l'effort du si
serait concentré sur le front de l'Ouest.

Vers dix heures, arrivèrent les deux dernié
brigades avec le convoi, cette fois à peu près
tact. La 2ᵉ brigade en prit la garde, tandis que

3e et la 4e, sous le commandement en chef du général Rulhières, recevaient l'ordre d'occuper le
Koudiat, avec toute la cavalerie régulière.

Pour effectuer cette opération, on prit les dispositions suivantes : la cavalerie fut placée à l'ex-
trême-gauche, avec mission de soutenir et de re-
fouler, bien au delà de la crète, les goums du Pacha. Un bataillon du 47e et un autre du 26e, sous
les ordres du colonel Combes, formèrent le centre ;
quant à la droite, qui devait marcher la première
et enlever la position, elle se composa du 3e
bataillon d'Afrique, de celui de la Légion étrangère et d'un bataillon du 26e.

La colonne de droite franchit le Remel en dessous de son confluent avec le Bou-Merzoug, sans
doute vers l'emplacement du pont du Bardo. La
cavalerie et le centre se portèrent à gauche, traver-
sèrent le Bou-Merzoug, en dessous de la Pépinière,
s'avancèrent dans la direction des Arcades romaines,
passèrent le Remel, un peu au-delà, et commencèrent à monter sur le plateau, maintenant couvert
de jardins.

Ces mouvements s'exécutèrent avec une précision
et un ordre admirables. La tête de colonne gravit
la pente, les troupes marchant par section, l'arme
sur l'épaule, sous le feu de la place qui fit plus
d'une victime, notamment le capitaine Rabier,
aide de camp du général Rohault de Fleury. La
position du Koudiat ne fut pas défendue et les deux

brigades s'y installèrent sans combat. Durant la nuit on éleva des parapets et fortifications passagères, au moyen des briques et des dalles enlevées aux tombes, et l'on forma ainsi trois enceintes superposées, sur le front sud-ouest, qui ne pouvait manquer d'être attaqué par les indigènes du dehors.

XI

OUVERTURE DES OPÉRATIONS. — PÉRIPÉTIES DU SIÈGE
MORT DE DAMRÉMONT
LE GÉNÉRAL VALÉE PREND LE COMMANDEMENT

Dans l'après-midi du 6, le directeur du Génie avait déterminé l'emplacement de trois batteries sur le flanc du Mansoura. L'une, à mi-côte, au-dessus du Rocher des Martyrs, destinée à prendre à revers et à enfiler les batteries du front Ouest de la place ; elle devait être armée d'une pièce de 24, de deux de 16 et de deux obusiers de 6 ; on l'appela : « Batterie du Roi. »

La seconde et la troisième, placées sur le bord du plateau supérieur, eurent pour objectif d'éteindre le feu des pièces de la Kasba et d'El-Kantara ;

'une devait avoir deux canons de 16 et deux obu-
iers de 8, et l'autre trois mortiers de 8.

Les hommes commencèrent les plates-formes,
t y travaillèrent durant toute la nuit du 6 au 7,
ous une pluie battante. Ils achevèrent les deux
lernières ; mais celle du Roi ne fut terminée que
lans l'après-midi du 7, vers quatre heures.

On choisit aussi l'emplacement de deux batteries
u Koudiat, une d'obusiers, et l'autre destinée à
tre armée de grosses pièces, pour battre en brèche ;
lles étaient situées toutes deux sur le versant
oriental, en avant et à droite de la Pyramide, élevée,
lepuis, à la mémoire du général Damrémont.

Les travaux en furent commencés dans la soirée
lu 6 ; mais le temps fut tellement mauvais durant
a nuit, qu'il fallut les suspendre.

Le commandement général du siège avait été
onfié au duc de Nemours. Le 7 au matin, les
ravaux reprirent sur tous les points ; mais bientôt,
les attaques furent tentées de divers côtés par les
indigènes de la ville et de l'extérieur. Elles furent
partout repoussées. L'une d'elles, cependant, exé-
utée avec audace contre le Koudiat, nécessita une
harge à la baïonnette, opérée par le 26e. Le capi-
aine Béraud fut tué dans cette affaire. Pendant le
reste du jour, les assiégés se bornèrent à entretenir
une canonnade nourrie de toutes leurs batteries.

La journée du 8 fut employée à l'achèvement et
à l'armement des batteries, malgré une pluie mé-

langée de neige qui ne cessa de tomber et se pro
longea toute la nuit suivante, trempant et glaçan
les travailleurs, entraînant les remblais et rendan
le transport des canons bien difficile. Trois pièces
destinées à la Batterie du Roi, roulèrent en ba
des pentes et ne furent relevées que grâce aux effort
surhumains des Zouaves, sous le feu de la place.

Le 9 au matin, les deux batteries supérieure
ouvrirent le feu sur celles d'El-Kantara et de l
Kasba, et y causèrent de grands dégâts; vers midi
leurs pièces étaient à peu près toutes démontées e
semblaient hors d'état de servir. On lança alors, su
divers points de la ville, et dans la direction de
batteries du front Ouest, un grand nombre d
bombes qui ne causèrent pas de grands dégâts, e
raison de la nature des constructions indigènes,
dont la terre, les rondins et les roseaux forment le
principaux éléments.

Le général avait compté sur l'effet moral d
bombardement, pour amener les citadins à composition, et il est certain que ceux-ci auraient bie
voulu se rendre; mais il ignorait que la défens
était aux mains d'étrangers, commandés par de
hommes énergiques, et que la population n'avai
pas voix au chapitre.

Dans cette même journée du 9, les assiégés,
combinant une sortie avec un mouvement offensi
des goums, attaquèrent sur deux points le camp
du Mansoura. Les Arabes du dehors n'y mirent

pas beaucoup d'entrain ; quant aux gens de la ville, ils furent également repoussés et poursuivis, la baïonnette dans les reins, par les soldats du 2e Léger, jusque sur le bord du ravin.

La persistance du mauvais temps apportait aux assiégés un concours inespéré. Trempés jusqu'aux os, écrasés par la fatigue et les veilles, insuffisamment nourris, n'ayant pas même de bois pour faire du feu, les soldats étaient sur le point de se laisser aller au découragement, en se rappelant, malgré eux, les tristes scènes de la campagne précédente.

Les ambulances recevaient sans cesse de nouveaux malades ; enfin, les chevaux eux-mêmes, transis de froid et manquant de nourriture, commençaient à crever. L'ouverture du feu produisit une heureuse diversion à ces tristes pensées, et ranima le courage de tous, par l'espoir d'une prochaine action décisive.

En somme, la canonnade de la journée du 9, suivie de bombardement, avait prouvé, une fois de plus, que le seul point vulnérable était à Bab-el-Oued, et que tous les efforts devaient se porter contre le front de l'Ouest. Le Gouverneur général s'en rendit parfaitement compte ; mais il fallait transporter les pièces des batteries du Mansoura au Koudiat, et cela n'était pas facile. Au moyen de deux passerelles, une sur le Bou-Merzoug et l'autre sur le Remel, au-dessus de leur confluent, on avait bien fait passer sur la rive gauche et hissé au Koudiat les canons les moins lourds, mais comment y amener deux pièces de 24 et deux de 16 ?

Les officiers des armes spéciales décidèrent qu'il n'y avait d'autre moyen que d'établir un pont de chevalet au gué du Remel, au-dessous du confluent, et ce travail fut rapidement exécuté. En même temps, le général Rulhières faisait occuper, par le 47e, les postes du Bardo et une maison encore plus rapprochée de la ville. Dans la nuit du 9 au 10, tout fut terminé, c'est-à-dire qu'au point du jour, les pièces étaient sur la rive gauche ; mais ce résultat n'avait été obtenu qu'au prix des plus grandes peines. Il restait encore à hisser l'artillerie sur le mamelon ; les assiégés s'aperçurent alors de ce qui se passait et concentrèrent tous leurs feux dans cette direction. Rien ne put arrêter le courage et le dévouement de nos braves soldats et, après des efforts inouïs, toutes les pièces furent conduites à leur place. Cette dangereuse opération était terminée à 7 heures du matin.

Le général Damrémont se rendit au Koudiat, dans la matinée du 10, pour tout inspecter et prendre les dernières dispositions. La batterie de brèche, déjà établie, dite de Nemours, était à une distance de 450 mètres de la place ; on en prépara trois autres sur la pente du Koudiat faisant face à la ville, et, enfin, on détermina un emplacement au sommet de la montée du Bardo, dans la coupure qui se trouve à l'extrémité du square Valée actuel, pour établir, à 160 mètres de la muraille, la batterie destinée à ouvrir définitivement la brèche. Les batteries du Mansoura furent dégarnies pour armer celles du Koudiat, et il ne resta que trois pièces à la « Batterie du Roi ».

Vers 11 heures, les assiégés effectuèrent une nouvelle sortie générale, contre les positions du Koudiat, où ils voyaient se concenter toutes les forces et, en même temps, la face opposée était attaquée avec fureur par les fantassins et les goums. La situation fut un moment assez grave ; le duc de Nemours, l'épée à la main, entraîna la Légion étrangère contre les assaillants, tandis que, d'un autre côté, le général Damrémont se lançait dans la mêlée. Plus d'un brave trouva la mort dans cette chaude affaire, notamment le capitaine Morland ; d'autres officiers y furent blessés. Durant le reste de la journée, les batteries de la place entretinrent un feu incessant, et des attaques partielles furent exécutées, sans plus de succès.

Le 11 au matin, la batterie de Nemours, au Koudiat, était enfin armée ; la seconde fut bientôt prête. A onze heures, on ouvrit le feu ; à deux heures, les mortiers étaient en place ; mais, avant d'entamer l'action décisive, le général Damrémont voulut, une dernière fois, offrir aux assiégés de traiter. Il fit rédiger une proclamation adressée aux habitants, pour les engager à réfléchir aux conséquences de la prolongation de la lutte, aux sacri-

fices qu'elle couterait, de part et d'autre, et aux
horreurs inévitables pour une ville prise d'assaut.
Il les invitait, en conséquence, à lui envoyer des
gens sages pour traiter avec lui de la reddition,
promettant de faire preuve de la plus grande modération et de garantir le respect absolu des personnes, des propriétés et de la religion.

Il restait à faire parvenir le message. Un jeune
indigène du bataillon turc accepta la périlleuse
mission de le porter aux assiégés. Ayant fait comprendre qu'il venait en parlementaire, ceux-ci le
laissèrent approcher, puis le hissèrent sur la muraille et ne lui infligèrent aucune avanie. Mais on
ne reçut la réponse que le lendemain ; il n'est pas
douteux que les assiégés trouvèrent, pendant la
nuit, le moyen de communiquer la proposition au
Pacha et de recevoir son avis. La lettre adressée
au général en chef, et qu'on dit avoir été dictée par
Ben Aïssa, contenait en substance ce qui suit :
« *Si vous manquez de poudre, nous vous en enver-*
« *rons ; si vous n'avez pas de biscuit, nous parta-*
« *gerons le nôtre avec vous ; mais vous n'entrerez*
« *pas dans la ville, tant que nous serons vivants,*
« *et vous n'en serez maîtres qu'après nous avoir*
« *tués.* »

Ayant pris connaissance de cette fière réponse,
le général dit simplement : « *C'est bien ! Ils ont*
« *du cœur ; l'affaire n'en sera que plus glorieuse*
« *pour nous !* »

La canonnade de la journée du 11 avait démontré le peu d'efficacité de notre artillerie à longue distance ; les dégats étaient médiocres dans cette muraille de blocs de calcaire bleu et, comme la quantité de munitions était limitée, il fallait, sans retard, achever et armer la batterie de brèche, à 60 mètres, en dessous du square Valée actuel. On y travailla la nuit suivante ; désignés pour ce service, les Zouaves s'y employèrent avec leur ardeur habituelle, sous le feu ininterrompu de la place. A six heures du matin, tout était achevé et la batterie armée.

Il fallait maintenant y transporter les gargousses, en traversant un espace de près de 300 mètres, découvert et battu par les projectiles ennemis. Deux cents soldats d'infanterie en furent chargés ; ils cheminaient d'abord à l'abri, portant leur gargousse, puis arrivés à la zone dangereuse, prenaient le pas gymnastique et atteignaient enfin la batterie, lorsque les balles ou les boulets ne les avaient pas arrêtés. Cette opération s'effectua rapidement et sans grandes pertes.

Dans la matinée du 12, le général Damrémont, suivi de son Etat-major, se rendit au Koudiat, afin de vérifier par lui-même la situation. Le groupe mit pied à terre derrière l'épaulement formé par le mamelon, au débouché de notre rue Saint-Antoine, et s'avança, à pied, au milieu d'une grêle de projectiles, malgré les avertissements du général

Rulhières, jusqu'à la batterie Nemours. De là, il regardait la ville avec sa longue vue, en faisant remarquer que les assiégés avaient habilement réparé les dégâts de la veille, lorsqu'un boulet, parti d'une des batteries de Bab-el-Oued, frappa le pied du mamelon, sur la gauche, et, en ricochant, atteignit le général en plein corps.

Damrémont était mort sur le coup; on s'empressa autour de lui. En se penchant pour voir si son chef respirait encore, le général Perrégaux fut atteint d'une balle qui lui traversa le nez et se logea dans le palais, affreuse blessure, à laquelle il devait succomber quelques jours plus tard. En même temps, le général Rulhières était atteint à la joue, et le duc de Nemours avait sa capote traversée de plusieurs balles.

Accouru de la batterie de la brèche, où il venait de prendre les dernières dispositions, le général Valée fit éloigner l'Etat-major de ce lieu funeste et emporter le cadavre de Damrémont, dont la glorieuse carrière, commencée sous l'empire, venait de se terminer par la mort du soldat.

Un conseil de guerre, aussitôt réuni, décida que le commandement en chef revenait au général Valée, comme plus ancien en grade. C'était un homme de 64 ans, déjà général de division à la chute de Napoléon; on le savait plein de vigueur et d'énergie, et la stupeur causée dans l'armée par la mort de son chef, fit place à la confiance chacun n'eut plus qu'une pensée : le venger dignement.

Les batteries établies sur le front du Koudiat, face à la ville, ouvrirent leur feu à neuf heures, s'attachant à détruire les embrasures du rempart. La nouvelle batterie de brèche, à 160 mètres, commença, vers deux heures de l'après-midi, à battre le rempart, déjà endommagé par le feu de la batterie Nemours, durant la matinée, et ne tarda pas à produire de grands effets. Enfin la « batterie du Roi, » sur la rive droite, prenant à revers les ouvrages de la place, gêna considérablement les défenseurs. Bientôt des écroulements se produisirent et l'on vit, peu à peu, des pans de murs se détacher et s'abattre, en avant, avec un bruit sourd, au milieu de nuages de poussière et de fumée. Vers cinq heures du soir, l'Artillerie de la place était démontée, ses logements détruits et la brèche semblait pratiquable.

XII

ASSAUT

RÉSISTANCE ACHARNÉE DES ASSIÉGÉS

PRISE DE CONSTANTINE

Le dernier acte de ce grand drame allait se jouer ; il y eut, de part et d'autre, à la tombée de la nuit, un instant de recueillement solennel ; puis, chacun se prépara à bien faire son devoir.

El Hadj Ahmed, qui suivait avec anxiété les progrès de la canonnade, et n'avait fait aucune communication directe au commandant en chef, lui envoya, dans la soirée, un parlementaire, porteur d'une lettre. Il proposait de conclure la paix, à la condition que le feu cessât pendant 24 heures, temps nécessaire pour réunir une conférence et s'entendre sur tous les points. Il ajoutait que le messager de la veille était en sécurité à Constantine, nouvelle preuve que, pendant la nuit, les assiégés l'avaient mis au courant de sa démarche.

Le général Valée répondit aussitôt que l'heure des pourparlers était passée et qu'il ne restait aux assiégés qu'à ouvrir immédiatement leurs portes, s'ils voulaient qu'on leur appliquât le traitement promis par le message de la veille ; mais qu'il n'interromprait pas une minute les opérations et que,

'il était mis dans la nécessité d'entrer par la brèche,
l ne répondait plus de rien, les propositions anté-
ieures étant nulles et non avenues. Ici, on ne peut
l'empêcher de se demander si, le général Damrémont
tant vivant, il n'aurait pas, dans son humanité,
ccepté, au moins en partie, les offres d'un adversaire
ux abois, cherchant à atténuer la victoire des
rançais et à enlever à nos soldats la récompense
e leurs efforts et de leur constance. L'énergie de
'alée évita le piège et conserva à l'armée une de
es plus belles victoires, achetée, il est vrai, par la
ort de tant de braves gens.

Dans cette même journée du 12, il avait été facile
e se rendre compte que les contingents du dehors
onsidéraient la partie comme perdue et ne se sou-
iaient pas d'assister à la chute de la ville. On les
it, en effet, cavaliers et fantassins, lever successi-
ement leur camp et reprendre le chemin de la
ontagne.

A six heures du soir, le général fit connaître à
'armée que l'assaut serait donné le lendemain matin,
t cette nouvelle fut accueillie par des acclamations
énérales. Chacun y vit, non seulement la revanche,
e l'échec de 1836, le couronnement des efforts
t de l'abnégation déployés, mais aussi la fin de
ouffrances intolérables ; car on manquait de tout
evant Constantine. Bien que la pluie eût cessé, la
ituation de ces malheureux, couchant depuis tant
e jours dans la boue, portant les vêtements qu'ils

avaient pris à Medjez-Ammar, à peine nourri
d'aliments détestables, était des plus tristes. Les
chevaux, auxquels nulle ration n'avait été donnée
depuis trois jours, tombaient d'épuisement ou se
jetaient sur tout ce qu'ils pouvaient atteindre. Enfin
les munitions d'artillerie étaient presque épuisées.
Qu'aurait été une retraite dans ces conditions ? Il
fallait, à tout prix, prendre la ville qu'on savait
remplie de vivres, et mieux valait tomber en combattant que mourir de misère et d'épuisement.

Afin d'empêcher les assiégés de réparer la brèche,
les canons chargés à mitraille firent feu durant toute
la nuit sur quiconque s'y hasardait. Cependant les
assiégés se préparaient à lutter encore ; tandis
que les uns construisaient des barricades dans les
rues des quartiers voisins, d'autres entretenaient un
feu de mousqueterie incessant par les ouvertures
donnant sur le rempart. A trois heures et demie du
matin, les capitaines Bontault, du Génie, et de
Gardereins, des Zouaves, allèrent reconnaître la
brèche, malgré les balles dirigées sur eux, et constatèrent qu'elle était praticable. Ils revinrent, heureusement, sains et saufs.

Pendant la nuit, on acheva l'organisation des
colonnes d'assaut qui furent composées comme suit :

1re colonne, sous les ordres du lieutenant-colonel
de Lamoricière :

    40 Sapeurs du Génie,
    300 Zouaves,

2 Compagnies du 2e Léger ;

2e colonne, sous les ordres du colonel Combes :

80 Sapeurs du Génie,

Compagnie franche du 2e Bataillon d'Afrique,

100 hommes du 3e Bataillon d'Afrique,

100 id. de la Légion étrangère,

300 id. du 47e de Ligne ;

3e colonne, sous les ordres du colonel Corbin :

2 bataillons composés de détachements pris, en nombre égal, dans tous les régiments des quatre brigades.

Le général Rulhières commandait en chef l'assaut.

On voit que le commandement avait tenu à faire participer chaque corps à la prise de Constantine, et ce soin a quelque chose de touchant, qui indique, en outre, l'union intime entre le chef et le soldat, un des principaux éléments du succès. Tous avaient participé à la fatigue et aux dangers, tous devaient partager la gloire.

Portant la responsabilité du grand acte qui allait s'accomplir, le général Valée fit venir, avant le jour, le commandant de la tête de colonne d'assaut, Lamoricière, et tint à s'assurer de ses sentiments dans ce moment suprême. L'histoire nous a transmis la conclusion de ce dialogue qui peint bien l'état d'esprit de l'armée assiégeante, et que nous croyons exacte. Après lui avoir fait les plus minutieuses

recommandations, le général lui dit : « Enfin, en
« tout état de cause, comptez-vous pouvoir vous
« maintenir sur la brèche, jusqu'à l'arrivée de la
« deuxième colonne ? »

— « Mon général, — répondit Lamoricière, —
« les trois quarts seraient-ils tués, serais-je tué
« moi-même, tant qu'il restera un officier debout,
« la poignée d'hommes qui ne seront pas tombés,
« pénètrera dans la ville et saura s'y maintenir. »

— « En êtes-vous sûr, colonel ? »

— « Oui ! Mon général. »

— « Vous avez bien réfléchi à tout ! »

— « J'ai réfléchi, et je réponds de l'affaire sur
« ma tête. »

-— « C'est bien, colonel ! Rappelez-vous et faites
« comprendre à vos officiers que si, à dix heures,
« nous ne sommes pas maîtres de la ville, à midi,
« nous nous mettrons en retraite. »

— « Mon général, à dix heures, nous serons
« maîtres de la ville, ou nous serons morts. La
« retraite est impossible ; la première colonne, du
« moins, n'en sera pas ! »

Avec de tels hommes, à ce point résolus, sincè-
rement décidés, autant qu'ennemis d'une vulgaire
jactance, on ne pouvait douter du succès.

Quant aux assiégés, ou plutôt, à ceux qui défendaient la ville, nous ignorons quels étaient alors
leurs discours ; mais leur conduite avait été vaillante
et ferme ; eux aussi étaient prêts à faire leur devoir ;

SIÈGE DE CONSTANTINE

LES COLONNES D'ASSAUT (13 OCTOBRE 1837. - 7 HEURES DU MATIN)

leur courage n'était en rien ébranlé; ils allaient le prouver en se montrant, jusqu'à la fin, dignes de leurs adversaires.

Afin de pouvoir suivre nos soldats pénétrant dans la ville, il est indispensable de rappeler, en quelques mots, l'état du quartier avoisinant la brèche, car il a été si profondément modifié que sa physionomie actuelle ne saurait en donner aucune idée.

Disons tout d'abord que, ni la rue Nationale, ni la place actuelle de la Brèche n'existaient. De plus, l'enceinte était continue et le rempart se raccordait avec l'angle du bastion qui existe encore au coin du Magasin à orge.

Au bout du mur qui le prolonge vers la ville, s'ouvrait Bab-el-Djedid (la porte neuve), à l'angle inférieur du bâtiment occupé par le Trésor. De là, sortait la voie qui conduisait au Koudiat; en entrant par cette porte, on trouvait, en face, le débouché d'une ruelle, conservée par nous, sous le nom de « rue du Trésor », qui communiquait, par un détour, avec notre rue Caraman, laquelle n'avait que cette issue à droite, tandis qu'à gauche, la même ruelle, suivant à peu près notre rue Cahoreau et débouchait en bas, dans le Souk. Devant Bab-el-Djedid, passait une rue, montant d'un côté, par le tracé de notre rue Basse-Damrémont, et descendant de l'autre pour tomber dans le Souk, vers l'entrée de notre rue Hackett.

En contournant le rempart vers le sud, depuis l'angle du bastion, d'où nous sommes partis, on trouvait un ouvrage faisant saillie et s'avançant jusqu'au dessous de l'entrée de notre square Valée. Derrière le mur inférieur de cet ouvrage, en-dessous de l'angle qu'il formait avec la muraille, s'ouvrait Bab-el-Oued (la porte de la rivière), d'où partait un chemin descendant au Remel.

Elle donnait, en ville, un peu au-dessus de la façade de notre théâtre, dans une rue bordée de boutiques, le Souk, où les commerçants et les artisans étaient groupés par spécialités. Le Souk se prolongeait, coupant la rue Nationale actuelle, pour rejoindre ce qui en a été conservé, en dessous de l'immeuble de Dar-el-Bey, sous le nom de rue Rouaud, se continuant par la rue Combes.

Ainsi, toute la place de la Brèche actuelle était pleine de constructions, traversées par une seule rue partant du Souk (vers notre rue Hackett), pour passer devant Bab-el-Djedid et monter à la Kasba. La rue Caraman était bouchée par les maisons, au-delà de la traversée de notre rue Cahoreau.

L'emplacement de notre théâtre était occupé par une caserne à trois étages, dite des Janissaires. Un peu au-delà, une ruelle descendait, du Souk, au carrefour de Rahbet-el-Djemal (la place des chameaux), d'où l'on atteignait, en remontant un peu vers le nord, la rue tortueuse conservée par nous, sous le nom de rue Béraud.

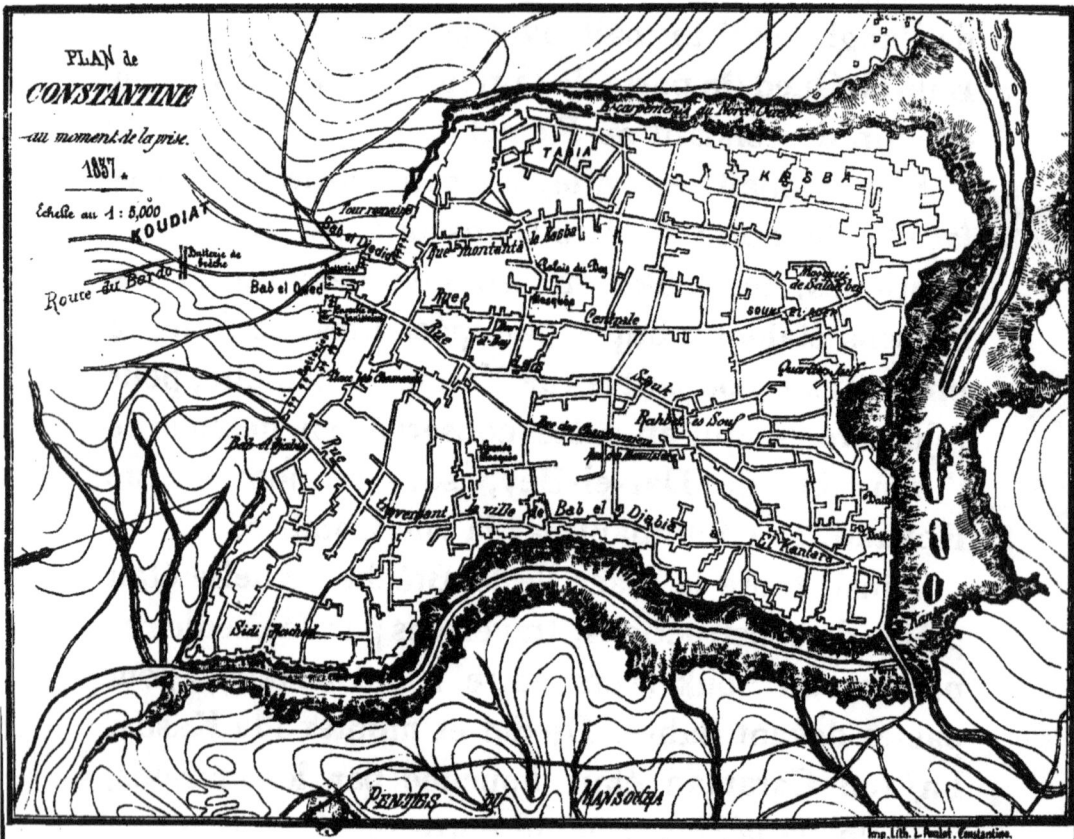

PLAN de
CONSTANTINE
au moment de la prise.
1837.

Echelle au 1 : 8,000

KOUDIAT

Route du Bardo

La première partie de notre rue Caraman, donnait accès, sur la gauche, à la place du Palais, beaucoup plus petite que maintenant. Elle passait dans son trajet inférieur devant Dar-el-Bey, puis en dessous de la mosquée dont nous avons fait la cathédrale, et continuait par son tracé actuel pour atteindre Souk-el-Acer (la place Négrier). La rue de France n'existait pas. Des ruelles, descendant perpendiculairement, traversaient cette voie et le Souk, et les reliaient aux quartiers supérieurs et inférieurs.

Il faut donc supprimer, par la pensée, toutes nos rues aboutissant maintenant sur la place, et se rendre compte qu'une seule, celle des Souk, partant de Bab-el-Oued, donnait accès au cœur de la ville, et une autre aboutissant devant notre Trésor où elle bifurque, conduisait dans la rue Caraman, vers la gauche, et montait à la Kasba, à droite. Rappelons-nous encore que ces ruelles, jugées si étroites, ont été élargies et que leur alignement si défectueux a subi déjà bien des rectifications.

Tel était ce quartier en 1837, et cette pénurie de voies d'accès devait créer pour nos soldats une difficulté nouvelle et inattendue.

Les troupes devant prendre part à l'assaut, occupaient déjà leurs positions, le 13 au matin, lorsque le soleil se leva radieux, dans un ciel sans nuages. La première colonne était massée dans la place d'armes, à droite de la batterie de brèche ; la seconde se prolongeait dans la dépression qui suit l'ancienne route de Batna ; la troisième, à sa suite, s'appuyait au Bardo.

Le duc de Nemours, commandant le siège, était à la batterie, avec les généraux Rohault de Fleury et Caraman. Le général en chef s'y trouvait également, ainsi que le général Perrégaux qui s'y était fait porter, malgré sa blessure.

A sept heures précises, le prince royal s'adressant au commandant de la tête de colonne, lui dit : « Colonel Lamoricière, quand vous voudrez ! » Et, comme si, de la place on comprend ce qui se passe à la tranchée, une décharge générale accompagne ces paroles.

Le colonel se dresse, de façon à dominer ses braves Zouaves, qu'il regarde d'un air bien connu d'eux, tire son sabre et crie d'une voix forte : « *Vive le Roi ! Zouaves à mon commandement !...* « *En avant !* »

Aussitôt ces soldats, électrisés, escaladent le parapet et traversent l'espace qui les sépare de la brèche, au milieu d'une grêle de projectiles. Arrivés au pied de l'éboulement, ils grimpent sur cet amas de décombres rempli de trous et coupé par des blocs sur lesquels il faut se hisser à la force du poignet ; mais ces difficultés n'arrêtent pas les Zouaves, et, à les voir s'élever si prestement, il semblerait qu'on leur a aplani le terrain. En quelques minutes, la brèche est escaladée, le grand drapeau rouge

s'effondre et les trois couleurs flottent sur la muraille.
C'est le capitaine de Gardereins, celui qui a reconnu
la brèche pendant la nuit, qui a l'honneur d'y
planter lui-même notre drapeau. Des acclamations enthousiastes, partant de tous les points, le
saluent et encouragent les Zouaves.

Etre arrivé sur le rempart par la brèche, c'était
beaucoup ; mais il fallait prendre possession de la
ville, et les vainqueurs furent, un instant, bien em-
barrassés. En face d'eux se dressaient des maisons,
de nouvelles murailles d'où partait un feu meurtrier ; trouver la clef de ce labyrinthe, n'était pas
facile. Cependant Lamoricière n'hésita pas : après
avoir fait démolir les barricades et obstacles de
toutes sortes entassés aux abords du rempart, il
divisa ses hommes en trois corps ; l'un s'engagera
vers la droite, en suivant le rempart ; un autre
cherchera à pénétrer à gauche ; quant à lui, prenant
la tête du reste, il s'avance au centre, par la rue
des Souks. Les corps de droite et de gauche, l'un
sous les ordres du capitaine Sauzai, l'autre dirigé
par le commandant Sérigny, du 2e Léger, doivent
d'abord s'emparer de ce qui reste des batteries du
rempart, puis pénétrer dans les ruelles de la direction qui leur est donnée.

Des deux côtés, ces groupes se heurtent à des
obstacles matériels, maisons ou barricades ; il faut
y cheminer à la sape et, pendant que Sauzai est tué
d'un côté, en enlevant une barricade, Sérigny, d'un

autre, est enseveli jusqu'aux épaules par la chute d'une muraille ; étouffé, les membres brisés, il continue, jusqu'à la mort, d'encourager ses soldats.

Cependant Lamoricière s'est lancé dans la rue centrale, bordée de boutiques d'où l'on tire à bout portant ; ses hommes avancent, refoulant à la baïonnette leurs adversaires, tandis que d'autres délogent de leurs repaires ceux qui y sont embusqués. Il arrive ainsi à un endroit où la rue est barrée par une porte appuyée sur les pieds-droits des quadruples arceaux du tétrapyle d'Avitianus. Les indigènes nommaient El-Macakof ce carrefour situé au débouché de la ruelle venant du haut dans le Souk ; il a disparu lors de la construction de la rue Nationale et des maisons qui la bordent.

La porte est solidement étayée en arrière ; tandis que les sapeurs l'attaquent à la hache, une explosion formidable retentit. La terre semble s'effondrer, et tout disparaît dans un épais tourbillon de fumée et de poussière. C'est une réserve de poudre qui a fait explosion, sans qu'on ait jamais pu connaître la cause de l'accident. Les sacs à poudre portés par les hommes du Génie, enflammés en même temps, ont augmenté le désastre. Lorsque le nuage de fumée et de poussière s'éclaircissant, permet de s'y reconnaître, — il ne se dissipa que très lentement, — on se trouve en présence d'un spectacle navrant. Aveuglés, brûlés, ayant les membres brisés, ou à demi ensevelis, les survivants poussent des cris lamentables et ceux qui peuvent marcher reviennent sur leurs pas, en semant la terreur et l'effroi. Les indigènes n'ont pas été épargnés, mais d'autres accourent et plongent leurs couteaux dans les chairs meurtries de ces victimes. Cependant, les moins maltraités atteignent la brèche, et y trouvent le colonel Combes qui vient d'arriver avec la 2e colonne.

Il a les plus grandes peines à obtenir d'eux des renseignements, et à les rassurer ; on comprend enfin, on devine ce qui vient d'arriver. Aussitôt, le brave officier se précipite, suivi du 47e, sur le théâtre de l'accident, en chasse les ennemis et dégage les victimes. Lamoricière est trouvé dans les décombres, à demi-mort et les yeux brûlés par l'explosion. Après avoir fait transporter les blessés, le colonel force la porte et continue sa marche dans la rue qui recevra son nom ; il rencontre alors une barricade derrière laquelle les Kabiles, abrités, font un feu d'enfer. Les soldats du 47e hésitent un instant ; mais, électrisés par la voix et l'exemple de leur chef, ils ont bientôt enlevé l'obstacle à la baïonnette. Malheureusement, le colonel, déjà blessé à la figure, est frappé de deux balles à la poitrine, dans cet engagement. Ses hommes s'empressent autour de lui et montrent une profonde douleur ; il les rassure : *« Ce n'est rien, leur dit-il, je vais me faire soigner « et serai bientôt encore à votre tête. »*

Revenu sur ce fatal sentier, le colonel Combes descendit la brèche ; mais avant de gagner l'ambulance, il s'avança vers le duc de Nemours, qui dirigeait l'envoi successif des renforts, et lui dit : « *La ville est prise ; le feu ne tardera pas à cesser,* « *et je suis heureux d'être un des premiers à vous* « *l'annoncer.* » Personne n'aurait pu croire, en l'entendant parler avec calme, bien que d'une voix saccadée, et par un effort surhumain de volonté, qu'il était blessé à mort... lorsqu'il ajouta : « *Ceux* « *qui ne sont pas mortellement atteints, pourront* « *se réjouir d'un pareil succès* ». Il essaya alors de s'éloigner ; mais, à peine avait-il fait quelques pas, qu'il chancela et tomba sans connaissance. Deux jours après, il était mort.

Le général Rulhières, arrivé sur la brèche avec la troisième colonne, hésita, comme les précédents, sur le chemin à prendre. Sachant que la Kasba, au sommet de la ville, est la clé de la position, il voudrait s'y rendre ; mais, en face de lui est la caserne des Janissaires, où les Askar se sont réfugiés, et qui vômit, par toutes les ouvertures, un feu incessant et meurtrier. Il faut d'abord en faire le siège, poursuivre les Turcs de chambre en chambre, d'étage en étage, jusqu'à ce qu'ils aient tous péri.

Mais on entend, en dessous, vers la droite, une fusillade nourrie ; elle vient de la place des Chameaux, où les Mozabites se sont retranchés dans une maison à arcades. Le corps de droite de la 1re colonne a essayé, en vain, de forcer cette barricade. Dépassant la caserne qu'ils viennent de purger de

es enragés défenseurs, les soldats du 47e de Ligne,
u 17e Léger, de la Légion étrangère et des Zéphyrs
e précipitent par une ruelle qui descend vers le
éâtre de la lutte. Mais ils sont accueillis par une
charge générale, dans laquelle la plupart de
urs officiers sont atteints. Le capitaine de Saint-
maud les ramène, lorsqu'on aperçoit, à l'angle
une muraille, un bras agitant un papier.

Le feu cesse de part et d'autre, et le porteur,
n Azzouz, s'avance, tout tremblant, tenant une
tre des notables. On l'amène au général Rulhières
i l'envoie à son chef. Cette pièce contenait la
umission de la ville, et la demande instante de
sser la lutte qui n'était prolongée, disaient les
adins, que par des étrangers, Kabiles et merce-
ires de toute race.

Pendant ce temps, le général Rulhières pouvait
fin exécuter son plan, le seul pratique, occuper la
asba. Guidé par des habitants sortis de leurs
chettes à la suite de Ben Azzouz, il fit prendre
ssession des points principaux, puis s'avança vers
Kasba, où il pensait rencontrer une résistance
ieuse. Mais il trouva la porte ouverte, l'esplanade
mplie de débris de toute sorte et s'avança, avec
n état-major, jusqu'au bord du front septentrio-
l. Là, un spectacle inattendu s'offrit à nos officiers :
mesure que les troupes gagnaient du terrain en
le, une foule de gens et même des femmes et des
ants, avaient reflué vers la Kasba. Les premiers

arrivés essayèrent de fuir par les escarpements, e
se soutenant au moyen de cordes fixées à la muraille
mais bientôt, le nombre des fuyards augmenta
avait produit une poussée irrésistible et précipité le
premiers rangs dans l'abîme. Beaucoup s'étaie
retenus aux cordes, croyant tenir avec elles, l
salut ; mais le trop grand poids les avait fait rompr
et il en était résulté des chutes épouvantables.

On apercevait, au fond, des entassements d
cadavres, et sur les anfractuosités, se tenaie
accrochés des malheureux poussant des cris lame
tables. Le premier soin des vainqueurs fut de pr
céder à leur sauvetage et ils purent arracher
trépas un certain nombre d'entre eux.

Tandis qu'au sommet du plateau nos solda
étaient occupés par ces soins, le capitaine de Sain
Arnaud, suivi de quelques hommes, et guidé par l
indigènes, se rendait à la porte d'El-Kantara, av
laquelle on ne communiquait alors que par la r
Perrégaux. Il trouva les postes abandonnés
appela, depuis le rempart, des soldats venus d'E
Kantara et qu'on aida à escalader les parapets ve
la droite, du côté où se trouve maintenant un fo
douk avec un palmier. On s'occupa sans retard
débarrasser l'entrée des pierres qui l'encombraie
puis la porte fut ouverte.

Il nous reste à dire ce qu'étaient devenus l
chefs de la résistance. Ben Aïssa et Ben El Bedjaou
entourés d'un groupe d'hommes déterminés, lutt

rent courágeusement sur le rempart, pour repousser l'assaillant. Mais ils ne tardèrent pas à être refoulés et séparés par les péripéties de la lutte. Ben Aïssa, atteint de quatre blessures, fut entraîné par son fils qui combattait à ses côtés et par quelques amis fidèles ; ils atteignirent une dépression se terminant par une sorte de coupure, à l'extrémité de la ruelle appelée maintenant rue Salluste, se glissèrent par cette ouverture, descendirent en s'aidant les uns les autres, de rocher en rocher, et, parvenus en bas, gagnèrent la campagne. Quant à Ben El Bedjaoui, il périt, couvert de blessures, sur le rempart même ; le récit officiel dit qu'il se fit sauter la cervelle. Mais les traditions indigènes le contestent absolument.[1]

Lamoricière avait promis qu'à dix heures, la ville serait prise : dès neuf heures toute résistance avait cessé. Le drapeau français flottait sur les principaux édifices et nos soldats, montés sur les toits et les terrasses, poussaient un formidable cri de : « Vive le Roi ! » auquel répondaient les acclamations des camps.

Après cette horrible guerre des rues et la dispersion des troupes qui en était résultée, le pillage commença sur divers points. Cela était inévitable ; du reste le premier soin de ces hommes, qui avaient

1. Un petit-fils de Ben Aïssa, Si Sliman, est maintenant adjoint et Conseiller général de Constantine. Un fils de Ben El Bedjaoui, Si El Hadj Ahmed Khoudja, existe encore et habite, avec ses neveux, la grande maison de la famille, rue des Zouaves.

tant souffert, consistait à chercher des aliments, puis à enlever de leur corps les chemises pourries par l'eau et la boue et remplies de vermine, qu'ils portaient, afin de les remplacer par des gandouras indigènes. « Je m'arrachais, par ci par là, une « poignée de chemise, — dit le caporal Tarissan « dans son pittoresque récit, — la pluie et la terre « l'avait pourrie, car nous nous garnissions le cou « avec de la glaise, pour que l'eau rigole de là sur « la capote ; ajoutez à cela la grande famille des « gamels, etc. »

Ces premiers besoins satisfaits, plus d'un, cédant à l'appat du gain, se mit à chercher de l'argent et à faire main basse sur des objets de toute sorte. L'exemple donné se propagea et il y eut, pendant quelque temps, un véritable pillage. Ce fait a été contesté par les rapports officiels ; mais nous le répétons, il était inévitable. Du reste, il est attesté par les relations de la Tour du Pin et de Berbrugger, par les lettres de Saint-Arnaud, — lequel prétend même qu'on a pillé pendant trois jours, — et par le récit de Tarissan. « *On nous avait* « *donné deux heures de pillage,* » dit celui-ci. Enfin, nous en avons trouvé la confirmation dans des pièces arabes de l'époque, citant le fait d'une manière incidente, et les déclarations des vieux indigènes.

El Hadj Ahmed avait assisté de loin à l'assaut ; il vit les colonnes pénétrer successivement dans la ville, par l'ouverture faite à son flanc. La grande explosion et le désordre qui la suivit, lui rendirent un instant d'espoir ; mais bientôt, il fallut se soumettre à l'évidence : son royaume était irrémédiablement perdu. Montant à cheval, il s'enfonça vers le Sud, suivi de Ben Gana et de quelques partisans fidèles, et il ne resta plus un seul cavalier, sur ces pentes naguère si animées.

XIII

OCCUPATION DE CONSTANTINE

PREMIÈRES DISPOSITIONS PRISES

Répondant à l'invitation du chef des colonnes d'assaut, le général Valée et le duc de Nemours, suivis de leur état-major, pénétrèrent dans la ville par la brèche. Quelque préparés qu'ils fussent à de pareilles scènes, le spectacle qu'ils eurent alors devant les yeux dépassait en horreur ce que l'imagination la plus sombre pouvait rêver : ce n'étaient que débris, cadavres défigurés, blessés se tordant dans les affres de l'agonie, au milieu d'une atmosphère étouffante de fumée et de poussière, avec des relents de sang et de paille brûlée. De partout s'élevaient des clameurs : chants de victoire, cris

de douleur, imprécations, disputes, supplications,
lamentations des femmes pleurant leurs morts...

Ce fut à travers ce désordre que les généraux
atteignirent le palais. Ils prirent aussitôt les mesures
les plus urgentes et en dirigèrent eux-mêmes l'exé-
cution. Le premier soin fut de débarrasser les rues
des barricades et des obstacles de toute sorte les
encombrant ; on rechercha, en même temps, les
malheureux respirant encore dans les maisons, dans
les recoins, quelquefois à moitié ensevelis sous les
éboulements, et on enleva les morts.

Les blessés, qui étaient en nombre considérable
furent l'objet de la plus grande sollicitude. Ayant
fait appeler le médecin en chef Baudens, le général
lui dit de choisir la maison la plus belle et la plus
vaste afin de les y installer. Ce fut la grande habi-
tation de Ben Aïssa, alors située dans notre rue
Béraud, qui reçut cette affectation et se vit trans-
formée en ambulance, bientôt trop étroite.

Le général Rulhières avait été nommé commandant de la place. Or, presque tous les soldats de
l'armée expéditionnaire, venus successivement à
Constantine, contribuaient au désordre. Il décida
que, provisoirement, les troupes ayant pris part à
l'assaut auraient seules le droit de rester en ville ;
les autres durent rentrer à leurs campements et des
patrouilles parcoururent les quartiers pour les
contraindre.

L'ordre une fois rétabli, on put mieux s'occuper

des blessés ; inutile d'ajouter que les indigènes pro-
fitèrent des soins de nos médecins, comme les autres,
ce qui fit très bon effet sur la population. Défense
fut faite aux soldats de pénétrer dans les maisons
particulières et dans les mosquées. Enfin, le général
fit savoir aux gens de la ville que la protection de
la France leur était acquise et que leur religion serait
respectée, à la condition qu'ils s'abstiendraient de
tout acte d'hostilité. Rassurés, les indigènes se
mêlèrent à leurs vainqueurs et les aidèrent à déblayer
la ville.

L'enterrement des morts dura plusieurs jours,
car on en découvrait sans cesse de nouveaux, qui
avaient échappé aux précédentes recherches et que
leur décomposition révélait. Les Juifs, préposés à ce
service, les entassaient en dehors de la porte Bab-
el-Oued, en deux catégories, selon leur nationalité ;
on les jetait ensuite dans deux énormes fosses
creusées sur l'esplanade, mais leur nombre était si
grand, et les fosses furent tellement remplies qu'on
ne put les couvrir que d'une mince couche de terre.

En prenant possession du palais d'Ahmed Bey,
qui venait à peine d'être terminé, on y trouva un
grand nombre de femmes, — plusieurs centaines
d'après Mornand, — formant le personnel du sérail.
L'une d'elles, Aïcha, d'origine grecque, amenée
naguère comme esclave, ayant joui pendant un
certain temps des faveurs du maître, avait conservé
sur ses compagnes un grand ascendant. Sa beauté

et une attitude fort digne, la firent entourer d'égards
que sa conduite ultérieure ne justifia guère [1]. Une
matrone, qui avait le titre de *Caïd-en-Neça* (des
femmes), gouvernait cette communauté. Des cham-
bres étaient remplies d'étoffes destinées à leur
habillement. Le général avait d'abord ordonné de
laisser ces femmes dans leurs logements ; mais il
ne tarda pas à en être fort embarrassé. On devait
finir par les envoyer chez le Moufti chargé de les
rendre à leurs parents ; s'il faut en croire Baudens,
elles auraient été dépouillées, plus d'une même
vendue, par ce dignitaire religieux.

Constantine avait de nombreux magasins encore
remplis de vivres de toute sorte. L'Intendance en prit
possession pour éviter tout gaspillage, et l'armée,
largement pourvue, oublia dans l'abondance, ses
longues privations.

Les munitions s'y trouvaient également en quantité : poudre, balles, grenades, boulets, bombes,
furent recueillis par les soins de l'Artillerie et l'on
déposa à l'arsenal : 63 pièces de canon, 12.000 kil.
de poudre et environ 5.000 projectiles ; puis les
habitants furent tenus de livrer leurs armes.

Enfin, le Trésor renfermait des sommes importantes. Une commission en fit l'inventaire et versa les
fonds dans la Caisse de l'armée.

Berbrugger, attaché, de même qu'en 1836, à

---

1. Plus tard, elle reçut le baptême et fut épousée par un
Français.

l'expédition, s'appliqua à préserver les monuments de dégradations inutiles. Il recueillit, en outre, de nombreux ouvrages arabes et turcs qui ont formé le fond de la précieuse collection de la bibliothèque d'Alger.

Cependant, il fallait donner à la population indigène un représentant autorisé. Le général fit appeler M'hammed ben El Feggoun, cheïkh El Islam, qui paraissait jouir d'une grande considération, afin de lui confier cette charge ; mais il refusa de se présenter, donnant pour excuse son grand âge et sa faiblesse et envoya à sa place son fils préféré, Hammouda. C'était un jeune homme à l'esprit ouvert, mais porté à l'intrigue, brouillon et manquant de droiture. On le nomma Hakem ou Caïd, véritable chef suprême de la ville, en le chargeant de constituer une municipalité indigène.

XIV

PRÉPARATIFS DE L'ÉVACUATION

ARRIVÉE DU PRINCE DE JOINVILLE ET DU 61ᵉ DE LIGNE

LE CHOLÉRA. — DÉPART DE L'ARMÉE

Le 16 octobre, toute l'armée expéditionnaire fut passée en revue sur l'esplanade des squares actuels,

par le duc de Nemours. Ce fut un beau spectacle
que celui de ces braves, portant sur leurs visages
les traces des souffrances endurées, ou même ayant
pris place dans le rang malgré leurs blessures, avec
leurs vêtements déchirés par la lutte et réparés de
toute façon. Cela ne ressemblait guère aux brillantes
parades des temps de paix ; mais l'impression n'était
que plus saisissante.

Dans la même journée, arriva une colonne de
trois mille hommes, partie de Bône, sous le commandement du colonel Bernelle et composée du
61e de Ligne et d'un bataillon du 26e. Cette pré-
caution avait été prise par le général Damrémont
en cas d'échec, afin que, dans sa retraite, l'armée
rencontrât ce renfort. Le prince de Joinville accom-
gnait la colonne. Malheureusement, ces troupes
apportèrent avec elles le choléra qui se répandit
aussitôt et fit de nombreuses victimes.

Dès le 20 octobre, l'évacuation commença, par
le départ d'un corps de 1.500 hommes, emportant
la dépouille du général Damrémont. Une touchante
cérémonie eut lieu à cette occasion sur l'esplanade,
près de l'endroit où devait s'élever le « Tombeau
des Braves » : les honneurs militaires furent rendus
par les soldats à leur glorieux chef, dont le cer-
cueil était enveloppé du drapeau tricolore.

Le 26, on évacua les malades et les blessés en
état d'être transportés, sous l'escorte d'une colonne
commandée par le général Trézel.

L'épidémie cholérique devenant de plus en plus intense, le général en chef hâta l'évacuation du reste de l'armée. Ce fut alors que le général de Caraman succomba au fléau, ainsi que beaucoup d'autres, moins heureux que leurs frères d'armes tombés en combattant.

Sur ces entrefaites, on vit arriver, (le 27), par la route qui descend d'Aïn-el-Bey, une troupe d'un millier de cavaliers arabes du Sud, suivie d'un long convoi de bagages. En tête s'avançaient des chefs richement vêtus, montant des coursiers aux hanarchements brodés d'or. C'était le fameux Farhate ben Saïd, cheïkh des Arabes du Sahara, que nos soldats appelèrent, on n'a jamais su pourquoi : « *le serpent du désert* ». Auprès de lui se trouvaient ses partisans, parmi lesquels son allié Ahmed bén Chennouf, brillant et solide cavalier.

On fit camper tout ce monde sur la rive droite du Remel ; puis le cheïkh vint présenter ses hommages au commandant en chef. Le général Valée lui reprocha assez vivement son arrivée tardive et son absence aux deux expéditions qu'il avait conseillées avec tant d'insistance, en promettant d'y prendre part avec ses guerriers.

Sans se troubler, Farhate répondit que, certain d'avance du succès des armes françaises, il s'était tenu à l'écart par discrétion, voulant leur en laisser toute la gloire, et enlever à El Hadj Ahmed la faculté de prétendre qu'il avait succombé à une coalision. « Votre victoire, — dit-il pour conclure, — « va retentir jusqu'au fond du Désert et étendre « partout la crainte de votre nom ! »

Après cette justification, sinon complète, au moins colorée et flatteuse, les nuages se dissipèrent et Farhate fut nommé Khalifa de la France, ayant sous son autorité toutes les régions traversées par l'Ouad-Djedi. D'autres commandements furent répartis entre les chefs indigènes qui s'étaient *acquis* la protection de Hammouda, et le 28, tous ces cheïkhs, réunis au palais, furent solennellement investis et jurèrent « sur le Koran », fidélité au Roi et à la Nation.

Le général Valée se disposa alors au départ avec le reste de l'armée expéditionnaire. Le 29, à midi, il sortit de la ville à la tête des troupes, par Bab-el-Djedid. Le caïd Hammouda, Farhate et de nombreuses autres notabilités, vinrent prendre congé du général en chef. Ils remirent aux princes, une lettre de la population, adressée au roi, dans laquelle les notables et les chefs protestaient de leur dévouement à la France. Puis la colonne se mit en route au milieu des vivats et acclamations.

Constantine restait sous le commandement du colonel Bernelle, avec une garnison composée des troupes suivantes :

Le 61e de Ligne,

Le 3e Bataillon d'Afrique,

La Compagnie franche,

2 compagnies de sapeurs du Génie,

2 batteries d'Artillerie,

1 escadron de Chasseurs,

1 détachement de Spahis.

Tous les services indispensables à la garnison y furent installés ; quant aux troupes, on les logea, partie au Bardo et le reste en ville, dans des maisons particulières, sur tous les points.

Ici doit s'arrêter le récit des deux sièges de Constantine ; l'histoire de cette ville entre dans une phase nouvelle, dont la première période est aussi intéressante que peu connue. Son passé est mort ; Cirta, la vieille capitale des rois berbères, puis la métropole de la Confédération des quatre colonies cirtéennes, la Constantine du Bas-Empire, la Kosantina des Hafsides et des Turcs, devient le chef-lieu d'une des belles provinces de l'Afrique française.

Le second siège, avons-nous dit, constitue une des pages les plus glorieuses de nos annales militaires. La résistance, organisée fort habilement, conduite avec une énergie remarquable, rendait le succès beaucoup plus difficile qu'en 1836 ; mais on ne saurait trop admirer la vigueur avec laquelle les opérations d'attaque furent menées, en dépit d'intempéries qui faillirent compromettre la réussite ; le courage, l'ardeur, la constance de tous, depuis le général en chef jusqu'au dernier soldat.

Les pertes furent sérieuses ; en voici le tableau officiel :

OFFICIERS :

Tués...................... 19
Blessés 38

                 Total........ 57

SOUS-OFFICIERS ET SOLDATS :

Tués...................... 129
Blessés 468

                 Total........ 597

Parmi les officiers tués : le général en chef Damrémont et son chef d'état-major, le général Perrégaux ; auxquels on peut ajouter le général Caraman, mort du choléra.

Le colonel Combes, guerrier héroïque, digne des modèles de l'antiquité ; le commandant Serigny, le commandant Vieu, du Génie, vétéran des guerres de l'Empire, et tant d'autres victimes des deux sièges dont les noms furent donnés à nos rues, pour perpétuer leur souvenir.

Le 14 octobre, lendemain de la victoire, l'ordre du jour suivant avait été adressé à l'armée par son chef :

« Soldats !

« Le drapeau tricolore flotte sur les murs de « Constantine.

« Honneur soit rendu à votre constance et à votre « bravoure ! La défense de l'ennemi a été rude et « opiniâtre ; vos attaques ont été plus opiniâtres « encore !

« L'Artillerie, par des efforts inouïs, étant « parvenue à établir ses batteries de brèche et à « détruire la muraille, un assaut dirigé avec beaucoup « d'intelligence et exécuté avec la plus grande va- « leur, nous a enfin rendus maîtres de la place.

« Vous avez, par le succès, vengé la mort de vos « braves camarades tombés à vos côtés et réparé « glorieusement l'échec de l'année dernière : vous « avez bien mérité de la France et du Roi ; ils sau- « ront récompenser vos efforts !

« Maintenant, épargnez la ville, respectez les « propriétés et les habitants, et ménagez les res- « sources qu'elle renferme pour les besoins futurs « de l'armée.

« *Le Lieutenant-Général*
« *commandant en chef de l'expédition*
« *de Constantine,*

« COMTE VALÉE. »

Les paroles du général, encore empreintes des émotions de la lutte, sont vraies et dignes. Le désas- tre de la fatale expédition de 1836 était réparé et la victoire de Constantine donnait à la France une nouvelle province. La moindre faiblesse, la plus petite hésitation, surtout pendant les deux dernières journées, auraient eu les plus fatales conséquences et causé un désastre plus grave que celui de l'année précédente.

N'oublions jamais, nous qui occupons actuellement Constantine, les glorieux travaux de ceux qui ont forcé ses remparts ; conservons dans nos cœurs le souvenir de ces héros et que leurs noms et leurs actes soient enseignés à nos enfants, afin qu'ils s'inspirent de leur exemple, et le transmettent aux générations suivantes, comme le symbole du patriotisme, de l'honneur et du devoir !

FIN

TABLE DES MATIÈRES

—·—

PREMIER SIÈGE
(1836)

Pages

I. Situation de Constantine en 1836. — El Hadj Ahmed et son personnel.................. 2

II. Le maréchal Clauzel nomme Yusuf bey de l'Est et annonce l'expédition de Constantine 7

III. Opérations préliminaires. — Préparatifs de part et d'autre. — Le bey Yusuf......... 9

IV. Composition de la colonne expéditionnaire. — Elle marche sur Constantine............·... 13

V. Installation des troupes et commencement du siège 17

VI. Siège de Constantine. — Echec de toutes les attaques ...., ... 23

VII. Levée du siège. — Retraite de l'armée...... 30

SECOND SIÈGE
(1837)

III Damrémont remplace Clauzel comme Gouverneur. — Tentatives d'arrangement avec le Pacha. — Ses provocations.......... 41

IX. L'armée se concentre à Medjez-Ammar. — Organisation de la résistance à Constantine. 45

X. Composition de l'armée expéditionnaire. — Sa marche et son arrivée à Constantine.. 51

XI. Ouverture des opérations. — Péripéties du siège. — Mort de Damrémont. — Le général Valée prend le commandement....... 56

XII. Assaut. — Résistance acharnée des assiégés. — Prise de Constantine................ 66

XIII. Occupation de Constantine. — Premières dispositions prises.................... 83

XIV. Préparatifs de l'évacuation. — Arrivée du prince de Joinville et du 61ᵉ de Ligne. — Le choléra. — Départ de l'armée........ 87

FIN DE LA TABLE DES MATIÈRES

BIBLIOTHÈQUE NATIONALE IMPRIMÉS

Typographie et Lithographie L. POULET, rue de France, 5, Constantine.

www.ingramcontent.com/pod-product-compliance
Lightning Source LLC
Chambersburg PA
CBHW060637100426
42744CB00008B/1659

* 9 7 8 2 0 1 2 6 9 3 6 7 8 *